HANS MORSCHITZKY

PRÜFUNGEN MEISTERN – ÄNGSTE ÜBERWINDEN

W0170928

fischer & gann

PRÜFUNGEN MEISTERN –
ÄNGSTE ÜBERWINDEN

HANS MORSCHITZKY

Das Erfolgsprogramm in zehn Schritten

fischer & gann

Bibliografische Information der Deutschen Nationalbibliothek:
Die Deutsche Nationalbibliothek verzeichnet diese Publikation
in der Deutschen Nationalbibliografie; detaillierte bibliografische Daten
sind im Internet über http://dnb.d-nb.de abrufbar.

© Verlag Fischer & Gann, Munderfing 2016
Umschlaggestaltung | Layout: Gesine Beran, Turin
Umschlagmotiv: © shutterstock/alphaspirit
Gesamtherstellung | Druck: Aumayer Druck + Verlag Ges.m.b.H. & Co KG, Munderfing
Printed in The European Union

ISBN 978-3-903072-36-7
ISBN E-Book 978-3-903072-43-5

www.fischerundgann.com

INHALT

TEIL 2
IHR PERSÖNLICHES ZEHN-SCHRITTE-PROGRAMM

Schritt 1:
Ursachen klären –
Was sind die Gründe für Ihre Prüfungsangst?

Schritt 2:
Motivation stärken –
Persönliche Ziele fördern

Schritt 3:
Fertigkeiten optimieren –
Gute Arbeits- und Lernstrategien helfen Ihnen

Schritt 4:
Aufmerksamkeit verbessern –
So konzentrieren Sie sich auf das, was jetzt wichtig ist

Schritt 5:
Erholungsphasen einbauen –
mit Pausen erhalten Sie Ihre Leistungsfähigkeit

Schritt 6:
Denkmuster erkennen –
So gehen Sie besser mit negativen Gedanken
und Vorstellungen um

Schritt 7:
Selbstgespräche führen –
Seien Sie sich selbst Ihr bester Coach

Schritt 8:
Befindlichkeit akzeptieren –
Gefühle und Gedanken müssen nicht Ihr Handeln bestimmen

Schritt 9:
Den Ernstfall durchspielen –
Mentales Training ist die beste Vorbereitung

Schritt 10:
Prüfungen erfolgreich bestehen – Mit diesen Tipps sind Sie gut gerüstet

VORWORT

JEDER VON UNS wird von der Kindheit bis zum Erwachsenenalter mit Prüfungen konfrontiert. Wir können ihnen nicht entkommen, wenn wir bestimmte Qualifikationen anstreben. Die wenigsten von uns freuen sich auf Prüfungen, aber viele nutzen sie als Chance, ihr Wissen und ihre Fähigkeiten unter Beweis zu stellen und dadurch bestimmte Ziele zu erreichen. Andere dagegen erleben jede Prüfung als Qual, selbst dann, wenn sie ausreichend gelernt haben oder sogar zu den Klassenbesten gehören.

Prüfungsangst ist ein ganz normaler Zustand, aber wenn wir nicht wissen, wie wir damit umgehen sollen, kann sie die Lebensqualität und unsere Funktionsfähigkeit im Alltag, im schulischen oder sozialen Bereich, erheblich beeinträchtigen.

Im schlimmsten Fall kann Prüfungsangst solche Blockaden und Vermeidungsreaktionen bewirken, dass ein Ausbildungsziel nicht erreicht wird, was die Chancen auf dem Arbeitsmarkt verschlechtert. Versagen aufgrund von Prüfungsangst und dessen Folgen kann zu psychischen Störungen führen, vor allem zu Angststörungen, Depressionen, Selbstmordgedanken, Alkohol- und Medikamentenmissbrauch.

Als Klinischer Psychologe und Psychotherapeut in Linz, Österreich, habe ich mich auf die Behandlung von Menschen mit Angst- und Panikstörungen spezialisiert. Die Probleme von Jugendlichen und Studenten habe ich aus verschiedenen Perspektiven kennengelernt: durch drei Jahre Tätigkeit in der Berufsberatung beim Arbeitsamt, durch zehn Jahre Erfahrung in der Jugendpsychiatrie sowie durch drei Jahrzehnte in freier Praxis, speziell auch bei der Behandlung von Schülern und Studenten mit erheblicher Prüfungsangst.

Dieser Ratgeber ist bereits mein achtes Buch zum Thema Ängste. Er soll Ihnen bei Angst vor schriftlichen und mündlichen Prüfungen im Rahmen der schulischen, akademischen oder beruflichen Ausbildung den Weg zum Erfolg erleichtern. Andere Formen von Prüfungsangst, wie etwa die Angst vor Referaten und Vorträgen, vor Auftritten in Gruppensituationen oder vor Abschlussarbeiten, können hier aus Platzgründen nicht behandelt werden.

Das Buch besteht aus zwei Teilen. Teil 1 soll Ihnen helfen, Prüfungsangst besser zu verstehen. Sie erhalten dazu Informationen über Wesen, Formen, Symptome, Ursachen und Folgen von Prüfungsangst. Teil 2 bietet Ihnen ein Zehn-Schritte-Programm zur besseren Bewältigung Ihrer eigenen Prüfungsangst an.

Als weitere Hilfe zur besseren Selbsthilfe steht eine gleichnamige App zum Download bereit. Die App enthält Text-Dateien und darin eingebettete Audio-Dateien auf der Basis von Teil 2 des Buches.

Dieser Prüfungsangst-Ratgeber wendet sich primär an Betroffene. Lehrer, Eltern und Erzieher können aber durch die Lektüre Kinder und Schüler bei der Überwindung ihrer Prüfungsangst mit Verständnis und Tatkraft unterstützen.

Ich wünsche Ihnen viel Erfolg bei der Überwindung Ihrer belastenden Prüfungsangst und alles Gute bei Ihrer schulischen, akademischen oder beruflichen Ausbildung und auch darüber hinaus.

Für eine kostenpflichtige psychologische Beratung per Telefon oder Skype stehe ich Ihnen gerne zur Verfügung. Nähere Angaben dazu finden Sie auf meiner Homepage www.panikattacken.at.

TEIL 1
PRÜFUNGSANGST BESSER VERSTEHEN

WAS IST PRÜFUNGSANGST?

GESUNDE ANGST
MOBILISIERT IN LEISTUNGSSITUATIONEN

ANGST UND FURCHT sind ganz normale menschliche Gefühle, die bei subjektiver Bedrohung auftreten. *Angst* bezeichnet das Gefühl unbestimmter Bedrohung in der Zukunft, *Furcht* das Gefühl einer unmittelbaren Bedrohung in der Gegenwart.

Gesunde Furcht treibt uns an, auf mögliche Gefahren rasch zu reagieren durch Kampf oder Flucht. Gesunde Angst aktiviert uns, durch Nachdenken und Vorbeugen möglichen Bedrohungen in der Zukunft gewachsen zu sein.

Normale Angst und Furcht mobilisieren unsere Energiereserven und machen uns handlungsbereiter – sofern wir nicht erstarren wie das sprichwörtliche Kaninchen vor der Schlange. Belastende Angst und Furcht, die bis zur Krankheitswertigkeit führen können, blockieren dagegen unsere Chancen, mehr aus unserem Leben zu machen.

Genau genommen müsste man zwischen Prüfungsangst und Prüfungsfurcht unterscheiden. *Prüfungsangst* bezeichnet die ständige ängstliche Besorgtheit und körperliche Dauerverspannung in der Zeit vor der Prüfung, *Prüfungsfurcht* die akute geistige und körperliche Reaktion in der Prüfungssituation – bis hin zum Blackout und zur Panikattacke.

In diesem Ratgeber wird Prüfungsangst aus Rücksicht auf den allgemeinen Sprachgebrauch als Oberbegriff für Prüfungsfurcht und Prüfungsangst verwendet.

Normale Prüfungsangst ist wie Lampenfieber bei Schauspielern, Sängern oder Sportlern vor dem Auftritt. Sie bringt uns dazu, unser Bestes zu geben. Belastende Prüfungsangst hemmt dagegen unsere Fähigkeiten, das wiedergeben zu können, was wir gelernt haben, und zu zeigen, was an Fähigkeiten in uns steckt.

Das ist das *Doppelgesicht der Prüfungsangst*: Sie kann Antrieb sein, für eine bevorstehende mündliche oder schriftliche Prüfung zu lernen, sie kann aber auch das Lernen und die Wiedergabe des erworbenen Wissens blockieren.

Viele Schüler und Studentinnen lernen erst dann intensiv, wenn ein Prüfungstermin näher rückt. Sie warten buchstäblich darauf, dass die Angst sie beflügelt, denn ohne ein gewisses Quantum an Angst können sie nicht lernen. Es kann aber auch das Gegenteil passieren: dass sie unter Stress und Panik eher versagen als erfolgreich zu sein.

In bestimmten Situationen kann uns Prüfungsangst in höchste Leistungsfähigkeit und maximale Kampfbereitschaft versetzen. Die Angst, ein oder zwei Semester zu verlieren, wenn man eine wichtige Prüfung im Studium nicht gleich beim ersten Anlauf schafft, kann den einen erfolgreich beflügeln, während sie den anderen total blockiert. Prüfungsangst kann leistungssteigernd oder leistungshemmend sein – in Abhängigkeit von der jeweiligen Person, ihren Denkmustern und Bewältigungsstrategien.

Es geht nicht darum, Angst und Furcht zu bekämpfen wie einen Feind, der besiegt werden muss, um dann jede Aufgabe ganz entspannt angehen zu können, sondern sie wie einen wohlwollenden Freund zu betrachten, von dessen Energie und Unterstützung man profitieren kann.

Bereits seit über hundert Jahren ist erwiesen: Ein mittleres Ausmaß an Angst, Erregung und emotionaler Aktiviertheit garantiert die beste geistige Leistungsfähigkeit. Nach dem *Yerkes-Dodson-Gesetz*, das 1908 aufgrund von Experimenten mit Labormäusen erstmals formuliert und durch die spätere Lernpsychologie immer wieder bestätigt wurde, besteht ein umgekehrt U-förmiger Zusammenhang zwischen Aktivierung und Produktivität. Am effektivsten und produktivsten sind wir bei einem mittleren Ausmaß an Erregung, Anspannung und Aktivierung. Sind wir nicht ausreichend emotional aktiviert, führt das zu Unterforderung und damit zu Minderleistung, übermäßige emotionale Aktivierung hingegen bewirkt bald einen Leistungsabfall.

Was bedeutet das ganz konkret für Leistungen in Schule, Studium und Beruf? Zur Angstbewältigung ist *völlige* Entspannung, wie sie durch Entspannungsübungen oder Beruhigungsmittel erreicht werden kann, kontraproduktiv.

Eine Untersuchung an Orchestermusikern hat ergeben: Ängstliche und nichtängstliche Musiker weisen vor Auftritten dasselbe Aktivierungsniveau auf. Die ängstlichen Musiker bewerteten jedoch die auftretenden Symptome eher als bedrohlich als die nichtängstlichen Musiker. Dasselbe gilt für Menschen vor und während einer Prüfung.

Nervosität vor Prüfungen ist in diesem Sinn nicht negativ zu sehen, sondern stellt Energie bereit, die zum richtigen Zeitpunkt abgerufen werden soll – wie bei einem Läufer vor dem Start oder einem Redner oder Sänger vor dem Auftritt.

Können Sie der Prüfungsangst außer dem Motivierungsschub noch etwas Positives abgewinnen? Haben Sie es schon einmal so gesehen? Mit der Bewältigung Ihrer Prüfungsangst reifen Sie in Ihrer Persönlichkeit und stärken Sie Ihre Fähigkeiten, auch ganz anderen Herausforderungen im Leben gewachsen zu sein.

Heute sind es Prüfungen in der Schule oder im Studium, morgen warten schwierige Aufgaben auf Sie im Beruf. Wenn Sie sich den Leistungsanforderungen in der Ausbildung mutig stellen und dadurch Ihre Ausbildungsziele erreichen, schaffen Sie die besten Voraussetzungen für den Erfolg in vielen anderen Bereichen des Lebens.

ANGST VOR BEWERTUNG UND VERSAGEN IN LERNSITUATIONEN

PRÜFUNGSANGST ist die Reaktion auf das Gefühl der subjektiven Bedrohung in Leistungssituationen. Sie betrifft den Selbstwert, das Sozialprestige und das schulische beziehungsweise berufliche Fortkommen. Prüfungsangst ist die Angst, in Leistungssituationen beurteilt zu werden und dabei möglicherweise zu versagen, also eine Form der Leistungsangst. *Prüfungsangst ist das Musterbeispiel für eine Bewertungs- und Versagensangst.*

Prüfungsangst hängt eng mit dem Gefühl zusammen, die Prüfungssituation nicht kontrollieren und die äußeren Umstände und persönlichen Reaktionen nicht vorhersagen zu können. Die Vorstellung, auf den Ablauf und den Ausgang der Prüfung keinen Einfluss zu haben, führt nicht nur zu ängstlicher Besorgtheit, sondern oft auch zum Gefühl von Hilflosigkeit und Ohnmacht, bis hin zu depressiven Reaktionen im Fall des tatsächlichen Scheiterns.

Angstlindernd wirkt jedes subjektive Gefühl, das uns suggeriert, Einfluss auf die Prüfungssituation zu haben – indem wir auf die eigenen Möglichkeiten vertrauen und darauf, den gestellten Anforderungen gewachsen zu sein. Man spricht in der Psychologie von *Selbstwirksamkeit* – von der Überzeugung, die jeweils gegebene Situation beeinflussen zu können.

Menschen mit Prüfungsangst befinden sich vor der Prüfung in einem Konflikt. Sie möchten im Rahmen einer Ausbildung oder beim Erwerben bestimmter Qualifikationen, wie etwa dem Führerschein, eine Prüfung möglichst gut ablegen, sind sich aber nicht sicher, dass sie dieses Ziel gleich beim ersten Mal erreichen werden.

Prüfungsangst ist vordergründig die Angst, den Leistungserwartungen bestimmter Prüfer nicht gerecht zu werden. Dahinter steht oft auch die Befürchtung, den vermeintlichen oder tatsächlichen Erfolgserwartungen von anderen Personen wie Eltern, Bekannten oder gesellschaftlichem Umfeld nicht zu genügen. Häufig wird die Versagensangst genährt vom eigenen überhöhten Anspruch.

Prüfungsangst wird erst dann zu einer erheblichen Belastung, wenn man glaubt, den eigenen Erwartungen und den Erwartungen der anderen aufgrund realer oder vermeintlicher Defizite nicht entsprechen zu können.

Bei der Bewältigung von Prüfungsangst geht es darum, dass wir die Angst als Kraft nutzen und trotz einer gewissen Erwartungsangst das Bestmögliche tun. Dann können wir Prüfungen mit der Hoffnung auf Erfolg entgegenblicken, anstatt uns auf einen Misserfolg vorzubereiten.

Im englischen Sprachraum wird die Angst vor Prüfungen als *Testangst* (»test anxiety«) bezeichnet. Wichtig ist dabei die Unterscheidung zwischen aktuell erlebter Prüfungsangst (»state test anxiety«) und persönlichkeitsspezifischer Prüfungsangstneigung (»trait test anxiety«). Dabei geht es um die Frage: Haben Sie eher nur während der Prüfung große Angst oder schon lange davor? Der Aspekt der *schulfachspezifischen Prüfungsangst* muss ebenfalls beachtet werden. Fächer wie Mathematik, die als schwieriger eingeschätzt werden, lösen nachweislich mehr Prüfungsangst aus als andere Fächer, wie etwa Deutsch, bei denen ein positives Ergebnis leichter erreicht werden kann. Wer Defizite und Begabungsschwächen in bestimmten Fächern aufweist, fürchtet sie mehr als andere, die leichter fallen. Die Erfahrung schlechterer Noten in diesen Fächern verstärkt dann die bereits vorhandene fachspezifische Prüfungsangst – ein Teufelskreis.

Prüfungsangst darf nicht mit Schulangst gleichgesetzt werden. *Schulangst* ist ein viel weiter gefasster Begriff, der neben der Angst vor Prüfungen und Versagen auch die Angst vor Mitschülern und einem oder mehreren Lehrern umfasst.

ANGST VOR VERSAGEN IN DER LEISTUNGSGESELLSCHAFT

PRÜFUNGSANGST als Beurteilungs- und Versagensangst in der schulischen oder beruflichen Ausbildung ist die häufigste Angst im Kindes- und Jugendalter. Sie wird verstärkt durch das gesamte gesellschaftliche Umfeld. Bestmögliche Leistung und gute Prüfungsergebnisse bestimmen immer stärker den beruflichen Ein- und Aufstieg.

Das Versagen in der Berufsschule macht den Abschluss einer Lehre unmöglich, das Scheitern in einer weiterführenden Schule bedeutet den Verzicht auf das Abitur, das für ein Studium nötig ist. Bei einer wichtigen Prüfung an der Universität durchzufallen kann zum Verlust von mindestens einem Semester führen oder gar den ganzen weiteren Studienverlauf gefährden. Scheitert man später im Studium, bedeutet das eine mehrjährige Fehlinvestition von Zeit, Geld und Energie, und die ganze geplante Karriere ist infrage gestellt.

Schlechte Noten in der Ausbildung verhindern oft eine darauf aufbauende, weiterführende Ausbildung, ein mäßiger oder nur durchschnittlicher Abschluss in der Schule oder an der Universität erschwert den Berufseinstieg, auch wenn gute Noten nicht unbedingt eine ausreichende Qualifikation für einen bestimmten Arbeitsplatz sind.

Der Leistungsdruck nimmt in den modernen Industriegesellschaften stetig zu, der Wettbewerb bei Auslese- und Bewerbungsverfahren ist unerbittlich. Wir müssen mehr und immer Besseres leisten, um bestimmte Ausbildungs- oder Arbeitsplätze zu bekommen und dort längerfristig bestehen zu können. Prüfungsangst spiegelt in diesem Sinn den zunehmend härter werdenden Konkurrenzkampf um eine passende Ausbildungs- oder Arbeitsstelle bei immer knapper werdendem Angebot wider.

Viele Menschen mit großer Prüfungsangst haben im Verlauf ihrer bisherigen Ausbildung niemals oder fast nie negative Noten bekommen, dennoch fürchten sie sich davor, bei mündlichen oder schriftlichen Prüfungen schlecht abzuschneiden. Nicht immer sind also negative Erfahrungen der Grund für Prüfungsangst, und positive Erfahrungen allein reichen oft nicht aus, um Prüfungsangst effektiv zu bewältigen.

Der Grund für eine anhaltende Prüfungsangst liegt darin, dass die Betroffenen ständig bewerten, welche Folgen negative Ergebnisse bei wichtigen Prüfungen für das Selbstwertgefühl und das weitere Leben haben können – aber nicht müssen, wenn sie mit Enttäuschungen und Versagenserlebnissen gut umgehen können. Betrachten Sie die gegenwärtige Situation in unserer Leistungsgesellschaft im Vergleich zu früheren Jahrhunderten. Damals hing alles davon ab, ob Ihre Eltern Adelige, Großgrundbesitzer oder Handeltreibende waren, wenn Sie etwas Überdurchschnittliches erreichen wollten, weil Ihnen sonst die Mittel dazu gefehlt hätten. Heute hängen Erfolgs-, Bildungs- und Berufschancen viel stärker von Ihren individuellen Fähigkeiten und Leistungen ab.

ANGST VOR UNZUREICHENDER BEWÄLTIGUNGSKOMPETENZ

EINE PRÜFUNG ABZULEGEN bedeutet, vorhandenes Wissen und Können unter Beweis zu stellen und sich einer öffentlichen Beurteilung auszusetzen. Das wird oft als aufregend, unangenehm und lästig erlebt, auch wenn man gut vorbereitet ist.

Schon der griechische Philosoph Epiktet wusste:»Nicht die Dinge an sich sind es, die uns beunruhigen, sondern die Art und Weise, wie wir sie sehen.« Also ist nicht die Prüfungsangst an sich das Problem, denn diese ist eine ganz normale Reaktion auf bestimmte Aufgabenstellungen, sondern vielmehr die selbstkritische Einschätzung, den gestellten Anforderungen nicht ausreichend gewachsen zu sein.

In der Fachwelt wurde die Theorie der *Kontroll- und Werteinschätzung* als Erklärung für belastende Prüfungsangst entwickelt. Sie betont zwei Aspekte:

Subjektiver Kontrollmangel
(Misserfolgserwartung und Ungewissheit)

Belastende Prüfungsangst ist die Befürchtung, Misserfolge und deren Folgen durch eigene Einflussnahme nicht verhindern zu können. Dabei werden Wissen und Fähigkeiten als unzureichend eingeschätzt und/oder die Prüfungsumstände als nicht ausreichend kontrollierbar erlebt, wie etwa unklare Prüfungsbedingungen, unberechenbare Prüfer oder weit überhöhte Anforderungen.

Seit der modernen Stressforschung ist klar: Belastender Stress entsteht nicht durch die Aufgabenstellung an sich, sondern erst durch die subjektive Einschätzung, den Anforderungen nicht gewachsen zu sein und dadurch keinen Einfluss und keine Kontrolle zu haben.

Durch welche – Ihrer Wahrnehmung nach – nicht oder nicht ausreichend kontrollierbaren Umstände werden Prüfungen für Sie zum Problem?

Bedeutung von Misserfolg und dessen Konsequenzen

Die Angst vor Misserfolg allein erklärt noch nicht das ganze Ausmaß der Prüfungsangst. Emotional belastend sind Misserfolge und deren Folgen erst dann, wenn die Betroffenen in ihrem Wertesystem ein Leistungsversagen als Katastrophe betrachten. Dann können die Klassenbesten mehr Prüfungsangst haben als jene, die mit jeder einigermaßen guten Note zufrieden sind, nach dem Motto:»Geschafft ist geschafft.«

Kommt Ihnen das bekannt vor, falls Sie zu den besten Schülern und Studenten gehören?

WANN TRITT PRÜFUNGSANGST AUF?

DIESE PRÜFUNGSSITUATIONEN MACHEN ANGST

PRÜFUNGEN SIND IN DER REGEL formal festgelegte Situationen, um entweder einen Lern- oder Ausbildungsabschnitt zu beenden oder die gesamte Ausbildung abzuschließen. Es kann sich dabei um schriftliche oder mündliche, theoretische oder praktische Prüfungen handeln.

Die meisten Menschen haben mehr Angst vor mündlichen Prüfungen, bei denen sie vor einem Publikum etwas demonstrieren müssen, als vor schriftlichen Prüfungen. Schließlich muss man bei öffentlichen Auftritten auch sozial interagieren, anders als bei Leistungsanforderungen, die man in Ruhe und ungestört erledigen kann.

Typische Prüfungssituationen sind vor allem:

▶ Fachprüfungen in den verschiedenen Schultypen, an der Hochschule oder Universität,

▶ Teil- und Abschlussprüfungen im Rahmen des Abiturs,

▶ Teil- oder Abschlussprüfungen im Rahmen des Studiums,

▶ theoretische und praktische Prüfungen in einem Lehrberuf,

▶ Meisterprüfungen in verschiedenen Berufen,

▶ theoretische und praktische Prüfung beim Führerscheinerwerb,

▶ Prüfungen im Rahmen der beruflichen Ausbildung (Dienstprüfungen und Dienstbeurteilungen) sowie Fortbildung (Kursabschlüsse),

▶ Prüfungen in der Erwachsenenbildung,

▶ Prüfungen im künstlerischen oder sportlichen Bereich,

▶ Aufnahmeprüfungen vor der Zulassung zu einer bestimmten schulischen oder universitären Ausbildung.

DREI ARTEN VON PRÜFUNGSANGST

MAN KANN NACH DEM ZEITPUNKT des Auftretens drei Arten von Prüfungsangst unterscheiden:

1. Prüfungsangst bei der Prüfungsvorbereitung

Viele Menschen mit Prüfungsangst erleben diese schon lange vor dem Ereignis selbst, und zwar schon Wochen oder Monate vorher. Der Prüfung wird eine überhöhte Bedeutung zugeschrieben. Alles dreht sich um die Angst, bei der Prüfung nicht gut genug zu sein. Nicht bewältigte negative Prüfungserfahrungen verstärken diese Versagensängste.

Oft haben die Betroffenen einen hohen persönlichen Anspruch, dem sie sich nicht gewachsen fühlen, oder es gibt einen vermeintlich oder tatsächlich hohen Anspruch der Lehrer und Eltern, dem sie meinen, nicht entsprechen zu können. Sehen sie, dass sie im Vergleich zu anderen schlechter abschneiden, wirkt das zusätzlich deprimierend.

Die Angst wird häufig dadurch verstärkt, dass man sich vorstellt, wie man scheitern wird. Man beschäftigt sich ständig mit dem Versagen und dessen schlimmen Folgen anstatt mit dem Lernen und merkt dann, dass man gar nicht bei der Sache war – was den ganzen Prüfungsstress verstärkt. Die ständige Versagensangst verhindert so die optimale Aufnahme des Lernstoffs und beeinträchtigt die Lernphase.

Kennen Sie diese Erfahrung? Sie stellen sich beispielsweise ganz plastisch vor, wie Ihnen bei einer mündlichen Prüfung etwas nicht einfällt, Ihr Gesicht rot wird, Ihre Hände zittern, Ihre Knie ganz weich werden, Sie zu stottern beginnen, bis Ihre Stimme völlig versagt, die Zuschauer zu lachen anfangen, der Lehrer oder Professor Sie kritisch anschaut oder negativ beurteilt, die Eltern Sie als Versager bezeichnen – und Sie selbst sich als gescheiterte Existenz betrachten. Derartige Vorstellungen beschäftigen die Betroffenen so stark, dass sie sich nicht mehr auf das Lernen konzentrieren können. Dann lenken sie sich von dieser Angst so gut wie möglich durch Musikhören, ständiges Essen und Trinken oder die Beschäftigung mit anderen Dingen ab. Manche überlegen auch, durch welche Krankheit sie der Prüfung entkommen können oder mit welcher Begründung sie die Prüfung verschieben können, um vorübergehend weniger Stress zu haben.

2. Prüfungsangst während der Prüfung

Ein Teil der Schüler und Studenten wird erst kurz vor oder während der Prüfung von starker Prüfungsangst überfallen. Im Mittelpunkt steht die Angst vor Blamage oder gar vor Versagen bei der Prüfung, oft auch die Angst vor dem Prüfer und seinen Reaktionen.

Wer diese Form der Prüfungsangst erlebt, schreibt dem Prüfer Furcht erregende Eigenschaften zu, hält ihn etwa für unberechenbar, unbarmherzig streng, negativ-kritisch, ohne Verständnis für die Fehler und Schwächen des Prüflings. Nicht selten übertragen diese Prüflinge negative Erfahrungen mit den Eltern oder bisherigen Lehrern auf den Prüfer und machen sich zu sehr von dessen Reaktionen abhängig. Auf diese Weise verstärken sie unnötig das unangenehme Gefühl des Ausgeliefertseins in der Prüfungssituation und nehmen sich die Chance zu einem aktiven, stärker partnerschaftlich gestalteten Auftreten bei der Prüfung.

Die Versagensangst beeinträchtigt die Wiedergabe des gelernten Wissens, bis hin zum totalen Blackout. Sie wird häufig durch massive körperliche Symptome und deren ständige Beobachtung sowie durch die negative Bewertung des Prüfungsverhaltens verstärkt.

Wahrscheinlich haben Sie diese Erfahrungen in Prüfungssituationen schon gemacht: Sie erleben genau jene körperlichen Symptome, die Sie gefürchtet haben, und denken darüber nach, was sich der Prüfer und die anderen anwesenden Personen gerade denken. Mangels befriedigender Erfolgserlebnisse finden Sie Ihre Versagensängste bestätigt, sodass Sie sicher sind, ein Versager zu sein.

3. Prüfungsangst nach der Prüfung

Manche prüfungsängstlichen Personen können nicht einmal nach der Prüfung abschalten. Die Angst vor einem schlechten Ergebnis der mündlichen oder schriftlichen Prüfung sowie vor den negativen Folgen im Falle des Scheiterns lässt die Betroffenen so lange in Unruhe verharren, bis sie endlich durch ein befriedigendes Ergebnis erlöst werden.

Es gibt aber auch Schüler und Studierende, die sich im Grunde davor fürchten, eine Prüfung erfolgreich zu bestehen, sosehr sie sich ein gutes Abschneiden auch wünschen. Eine Spitzenleistung könnte in Zukunft noch mehr Erwartungsdruck vonseiten der Lehrer, Professoren und Eltern auslösen, weiterhin so erfolgreich zu sein. Die Versagensangst zeigt sich dann in der Angst, die hohen Erwartungen der sozialen Umwelt zukünftig nicht erfüllen zu können.

Manche Lernenden erleben erfolgreiche Abschlussprüfungen insofern mit gemischten Gefühlen, als sie ein Ende der bisherigen Ausbildung markieren und den Anfang eines neuen Lebensabschnitts darstellen, der noch sehr ungewiss ist und den sie daher fürchten; zum Beispiel kann der Eintritt in den Beruf oder ein Studium in einer weit entfernten Stadt Angst machen.

SO ZEIGT SICH PRÜFUNGSANGST

ÄNGSTLICHE BESORGTHEIT UND KÖRPERLICHE ANSPANNUNG

MACHEN SIE SICH BEREITS WOCHEN VOR EINER PRÜFUNG ständig Sorgen, was alles schieflaufen könnte? Schlafen Sie schon nächtelang vorher nicht, weil Sie nicht einmal in der Nacht abschalten können? Werden Sie vor einer Prüfung schon Tage im Voraus geplagt von körperlichen Symptomen wie Übelkeit, Durchfall, Appetitlosigkeit, Schwindel, Zittern, Unruhe, Beklemmungsgefühlen, Herzklopfen, Heiß-Kalt-Empfindungen – bis hin zu Panikattacken?

Können Sie so lange nicht abschalten, bis die Prüfung vorbei ist, obwohl Sie ausreichend gelernt haben? Grübeln Sie auch nach der Prüfung intensiv darüber nach, wie alles abgelaufen ist und wie das Ergebnis ausfallen wird?

Sind Sie während der Prüfung so nervös, dass Sie oft nicht in der Lage sind, das wiederzugeben, was Sie ausreichend gelernt haben? Hatten Sie bei einer mündlichen Prüfung schon einmal einen völligen Blackout, sodass der Eindruck entstand, als hätten Sie gar nichts gelernt? Können Sie sich bei schriftlichen Prüfungen so wenig konzentrieren, dass Sie schlechter abschneiden als andere, die weniger gelernt haben als Sie? Wenn Sie auch nur einige dieser Fragen bejahen müssen, leiden Sie unter einer Prüfungsangst, die über das normale Ausmaß hinausgeht.

Prüfungsangst entsteht im Kopf und wirkt sich auf Geist und Körper störend aus. Sie lässt sich durch die zwei Hauptsymptome »übermäßige Besorgtheit« und »unangenehme emotional-körperliche Erregtheit« treffend beschreiben:

▶ **Der Faktor Besorgtheit** besteht aus einem ständigen ängstlichen Grübeln, was bei der Prüfung alles schiefgehen könnte, verbunden mit ausgeprägten Zweifeln an sich selbst und der Neigung zu Flucht und Vermeidung. Bei vielen Betroffenen ist die ängstliche Besorgtheit der wichtigste Faktor der Prüfungsangst. Derart unproduktive Denkspiralen führen oft auch zu erheblichen Aufmerksamkeits- und Konzentrationsstörungen, die das Lernen und die Prüfung negativ beeinflussen können. Die ständigen Misserfolgsbefürchtungen schwächen oft auch die Lern- und Leistungsmotivation.

▶ **Der Faktor emotional-körperliche Erregtheit** (Aufgeregtheit, Nervosität) besteht aus einer Kombination von gefühlsmäßiger und damit einhergehender körperlicher Anspannung. Diese Befindlichkeit ist oft Anlass für medizinische Maßnahmen, zum Beispiel die Verordnung von pflanzlichen Beruhigungsmitteln, kurzfristig von Beruhigungsmitteln (Tranquilizern), längerfristig von Antidepressiva. Die Daueranspannung kann aber auch die ängstliche Besorgtheit verstärken, trotz ausreichenden Lernverhaltens nicht gut genug zu sein, sonst bräuchte man sich ja nicht so aufzuregen.

Prüfungsangst zeigt sich auf *vier verschiedenen Ebenen* des Erlebens und Verhaltens: auf der Ebene der Gedanken, der Gefühle, der Körperreaktionen und des sichtbaren Verhaltens. Beeinträchtigungen in diesen Bereichen können je nach Person unterschiedlich stark ausgeprägt sein. Welche der im Folgenden angeführten Beeinträchtigungen sind Ausdruck Ihrer Prüfungsangst?

BEEINTRÄCHTIGUNG DER GEISTIGEN LEISTUNGSFÄHIGKEIT

PRÜFUNGSANGST KANN zu schweren *Beeinträchtigungen von Aufmerksamkeit und Konzentration* führen, sodass die Betroffenen Flüchtigkeitsfehler bei Schularbeiten und schriftlichen Prüfungen begehen, die sie in einer anderen Situation nicht machen würden. Bei Störungen der Konzentration ist die Aufmerksamkeit auf zu vieles zugleich gerichtet, statt eingeengt zu sein auf eine einzige Aufgabe, nämlich zu lernen oder während der Prüfung das Richtige zu sagen oder zu schreiben. Menschen mit Konzentrationsstörungen betreiben ein ständiges *unproduktives Multitasking*.

Dabei befinden sich die Betroffenen ständig in der Zukunft, indem sie sich ausmalen, was alles passieren könnte, statt in der Gegenwart, im Hier und Jetzt zu leben und das zu tun, was im Augenblick erforderlich ist. *Katastrophenvorstellungen*, welche Folgen das Versagen haben könnte, sowie Gedanken an frühere Misserfolge und deren Auswirkungen erschweren es, bei der Bewältigung der momentanen Aufgabenstellung erfolgreich zu sein.

Die *Art der Einstellung gegenüber Prüfungen* (negative oder positive Erwartungen) hat zentrale Auswirkungen auf das Ergebnis. Dies lässt sich in der Gegenüberstellung von misserfolgsorientierten und erfolgsorientierten Schülern und Studenten anschaulich aufzeigen:

▶ **Schüler und Studenten mit negativ-pessimistischen Erwartungen** sind misserfolgsorientierte Personen. Sie beschäftigen sich ständig mit dem möglichen Misserfolg, den Konsequenzen des Misserfolgs, den Selbstzweifeln und den negativen Bewertungen durch andere Personen (z. B. »Was wird der Lehrer bzw. der Vater hinterher sagen?«). Sie beurteilen ihr eigenes Verhalten in der Prüfungssituation kritisch und selbstabwertend (z. B.»Ich schaffe die Prüfung nicht«;»Ich bin zu dumm, um das zu verstehen«;»Ich kann gar nichts«).

Sie beobachten ängstlich die auftretenden körperlichen Empfindungen und sehen darin eine Bestätigung ihrer Unfähigkeit. Die körperlichen Symptome, wie etwa Herzrasen, Atemnot, Übelkeit, Anspannung, Zittern oder Schwitzen, sind so stark, dass sie im Mittelpunkt der Aufmerksamkeit stehen. Dies verstärkt die Angst und führt bis zu panikähnlichen Symptomen, die nicht nur den Körper überaktivieren, sondern auch den Geist verwirren und blockieren.

Die negativen Selbstgespräche, die ständige Beobachtung des eigenen Körpers und die Beschäftigung mit den Folgen des vorweggenommenen Versagens führen in der Prüfungssituation zu einer geteilten Aufmerksamkeit. Die Betroffenen konzentrieren sich nicht mehr in vollem Ausmaß auf die Prüfungsvorbereitung beziehungsweise auf die Aufgabenstellung, und ihre Leistung wird beeinträchtigt. Die Folgen sind mehr Flüchtigkeitsfehler, eine quantitativ geringere Leistung, weniger Durchhaltemotivation und eine Beeinträchtigung bei Aufgaben, die komplexere Denkprozesse erfordern.

Die angstbedingten Denkblockaden verhindern die Aktivierung des gelernten Prüfungsstoffs, und die schlechten Ergebnisse erwecken dann den Eindruck, als hätten die Betroffenen sich nicht ausreichend vorbereitet.

Massive Prüfungsangst kann sogar zu einem teilweisen Verlust des gelernten Wissens führen. Das Gefühl eines»leeren Hirns« hängt mit der angstbedingten Ausschüttung der Stresshormone zusammen, die das Langzeitgedächtnis blockieren. Erst wenn sich die Menge der Stresshormone nach einiger Zeit auf den Normalwert eingependelt hat, funktioniert das Gedächtnis wieder in vollem Umfang.

Prüfungsängstliche Studenten schneiden bei Prüfungen häufig unterhalb ihrer Fähigkeiten ab und entwickeln aufgrund des angstbedingten Versagens eine starke Prüfungsangst sowie Ohnmachts- und Minderwertigkeitsgefühle, die in einem Teufelskreis wiederum die Prüfungsergebnisse verschlechtern.

▶ **Schüler und Studenten mit positiven Erwartungen** sind erfolgsorientierte Personen. Sie erleben auftretende Angstzustände als leistungssteigernd. Das Gefühl der Kompetenz und die positiven Leistungserwartungen verhindern angstbedingte Leistungsblockaden. Bei dieser Personengruppe wirkt Angst nicht lähmend, sondern sie fördert die Prüfungsvorbereitung und den Lerneinsatz. Die Angst stimuliert den Ehrgeiz, stärkt den Kampfeswillen, mobilisiert die Energiereserven und fördert die Umsetzung aller Kenntnisse und Fertigkeiten.

Die als aktivierend erlebte Angst intensiviert die Aufmerksamkeit, reduziert die Fehlerzahl, steigert die Leistungsmenge, verstärkt den Leistungseinsatz und erhöht die Ausdauer bei schwierigen Aufgabenstellungen. Die körperlichen Symptome der Angst werden im Sinne eines Lampenfiebers als Zeichen der Energie gedeutet, die nötig ist, um alle Leistungsreserven auszuschöpfen.

Unangenehme körperliche Angstsymptome werden zwar wahrgenommen, jedoch nicht durch ständige Beobachtung verstärkt. Es gelingt eine Aufmerksamkeitsumlenkung von der Wahrnehmung der Symptome auf die Bewältigung der Aufgabenstellung, sodass eine optimale Konzentrationsleistung gegeben ist.

VERÄNDERUNG DER GEFÜHLSLAGE

MENSCHEN MIT STÄNDIGER PRÜFUNGSANGST werden zunehmend emotional labil. Sie fühlen und verhalten sich schreckhaft, panisch, nervös, gereizt, ärgerlich, aggressiv, hilflos, ohnmächtig, mutlos, lustlos, enttäuscht, niedergeschlagen, antriebslos, ausweglos, hoffnungslos, verzweifelt, weinerlich oder richtiggehend depressiv gestimmt. Kommen Ihnen einige dieser Gefühle in Zusammenhang mit Prüfungsangst bekannt vor?

Das Gefühl der Hilflosigkeit tritt ein, wenn man die Situationen – hier also die Prüfung – als nicht kontrollierbar erlebt. Die Betroffenen sind dann nicht ausreichend motiviert und – als Folge davon – resigniert und depressiv.

Wenn die an sich normalen Gefühle von prüfungsbezogener Angst, zunehmender Mutlosigkeit, Enttäuschung und Traurigkeit nicht ausreichend bewältigt werden, kann dies zu einer behandlungsbedürftigen Angststörung oder gar zu einer Depression führen.

Können Sie Ihre Gefühle rund um Prüfungen noch mit anderen Worten beschreiben als mit Angst oder Furcht? Manchmal verdeckt die Angstthematik tiefer liegende Gefühle, wie zum Beispiel Minderwertigkeitsgefühle, Lustlosigkeit, Hoffnungslosigkeit, Ärger, Enttäuschtsein von sich oder anderen.

KÖRPERLICHE SYMPTOME

FURCHT IST DIE REAKTION AUF EINE PLÖTZLICHE BEDROHUNG – real oder nur vorgestellt. Der Körper hat bei unmittelbarer Gefahr vier Reaktionsmöglichkeiten: Kampf, Flucht, Ohnmacht und Erstarren. Furcht löst einen Kampf-Flucht-Mechanismus aus, der den Körper sofort aktiviert. Diese Aktivierung lässt nach der Beseitigung der Bedrohung bald nach. Furcht ist eine *akute Stressreaktion*, die Körper und Geist maximal aktiviert – oder blockiert, bis hin zum Blackout und zur Panikattacke.

Eine *Panikattacke* ist eine massive körperliche Aktivierung bei gleichzeitiger Handlungsblockade, ein kurzfristiges Erstarren vor

Schreck, um sich nicht durch unbedachtes Reagieren vor einem mächtigeren Feind zu gefährden – vergleichbar dem Totstellreflex bei Tieren. Panikattacken im Rahmen von Prüfungsangst gehen in der Regel nicht mit Todesangst einher, aber sie sind Ausdruck der subjektiven Bedrohung des Selbstwertgefühls und des Sozialprestiges, die der Betroffene empfindet.

Angst ist die Reaktion auf das Gefühl einer unbestimmten Bedrohung in der Zukunft, jedoch ohne unmittelbare Gefährdung in der Gegenwart. Angst entsteht durch ständiges Nachdenken, durch Grübeln, was alles passieren könnte. Weil ohne akute Gefahr keine körperliche Reaktion erforderlich ist, führt Angst zur anhaltenden Verspannung in allen möglichen Organbereichen.

Prüfungsangst versetzt den Körper durch die Ausschüttung der *Stresshormone* Adrenalin, Noradrenalin und Cortisol in einen Alarmzustand, wie bei realer Gefahr. Die Stresshormone bewirken eine Erhöhung der Herzfrequenz und des Blutdrucks, eine Beschleunigung der Atmung, eine Anspannung der arbeitenden Muskulatur, also von Armen, Beinen und Rücken, eine vermehrte Ausschüttung von Glukose und eine Verminderung der Insulinproduktion, um den Körper durch den vermehrten Zucker im Blut leistungsfähiger zu machen.

Die Blutumverteilung zugunsten der großen Gefäße der Muskulatur in Armen und Beinen führt zu einer Minderdurchblutung des Verdauungstrakts mit einem flauen Gefühl im Magen und zu einer Minderdurchblutung der Haut mit Kältegefühlen in Händen und Füßen.

Bei Dauerstress wird auch die Leistung des Immunsystems eingeschränkt, sodass man leichter krank wird oder sich von einer harmlosen Erkältung nicht so rasch erholt wie andere Menschen. Gleichzeitig erfolgt auch eine Hemmung des Verdauungssystems und der Ausscheidungsfunktion von Darm und Blase sowie der Sexualfunktion, weil diese Bereiche in Zeiten der maximalen Leistungsfähigkeit und der Lebensbedrohung keine Priorität haben.

Wenn im Gegensatz dazu eher die Schreckreaktion und das subjektive Gefühl der Ohnmacht dominieren, müssen Sie ständig wegen Harn- oder Stuhldrangs auf die Toilette laufen, oder Sie leiden unter dem Gefühl, gleich ohnmächtig umzufallen, weil der Blutdruck absinkt.

In Lern- und Prüfungssituationen ist nur die rasche Erhöhung von Aufmerksamkeit und geistiger Reaktionsfähigkeit erwünscht, während die damit einhergehende massive körperliche Mobilisierung unangemessen ist. Es geht schließlich nicht um unser physisches Überleben, sodass kein verstärkter Muskeleinsatz nötig ist. Bei der Prüfung sind eine gute Konzentrationsleistung, eine rasche und flexible Denkfähigkeit sowie der Zugang zum gespeicherten Wissen gefordert.

Fassen wir zusammen: Prüfungsangst in der Zeit der Vorbereitungsphase sowie im Moment der Prüfungssituation führt zu einer Fülle von akuten körperlichen Symptomen: kurzfristig bis zu Panikattacken oder panikähnlichen Zuständen, bewirkt durch das Kurzzeitstresshormon Adrenalin, längerfristig zu anhaltenden körperlichen Verspannungen, bewirkt durch das Dauerstresshormon Cortisol.

Typisch sind vor allem folgende *körperliche Symptome*, die je nach Person unterschiedlich sein können:

▶ **Herz-Kreislauf-Beschwerden:** Herzklopfen, Herzrasen, Herzrhythmusstörungen, Blutdruckschwankungen, Schwindel, Hitze- oder Kältegefühle, erhöhte Körpertemperatur, Fieberschübe, Schüttelfrost, Schwitzen am ganzen Körper, schweißnasse Hände, Erröten (im Gesicht und am Hals, rote Flecken auch anderswo), allgemeine Blässe, Blutleere in Händen und Beinen mit Absinken der Körpertemperatur und als Folge davon kalte Hände und Füße;

▶ **Magen-Darm-Beschwerden:** Übelkeit, Brechreiz, Erbrechen, Aufstoßen, flaues Gefühl im Magen, Bauchschmerzen, Bauchkrämpfe, Blähungen, Durchfall, Appetitlosigkeit;

▶ **Atem-Beschwerden:** Beklemmungsgefühle, Atemnot, Kurzatmigkeit, schnelle und flache Atmung (bis hin zur Hyperventilation bei akuter Erregung);

▶ **Muskuläre Verspannung:** motorische Unruhe (nicht ruhig sitzen, liegen oder stehen können), nervöse Finger (Spielen mit Gegenständen zur Abreaktion der Anspannung), Nägelbeißen, Zittern der Hände oder des ganzen Körpers, Kribbelgefühle auf der Haut oder in den Fingern, Steifwerden, Stand- und Gangunsicherheit mit Schwindelgefühlen, hektische Arm- und Beinbewegungen, Verspannungen im Gesichtsbereich (veränderte Mimik), Tics wie Augenlidzucken, verspannungsbedingter Druck auf der Brust, Schulter-Nacken-Verspannung, Rückenschmerzen, Kopfschmerzen, Kieferverspannung;

▶ **Sonstige Beschwerden:** Mundtrockenheit, Kloßgefühl, Würgegefühl, Schluckbeschwerden, ständiger Harndrang, Hautausschlag, Juckreiz, Ein- und Durchschlafstörungen, Albträume, Ohrensausen, Sehstörungen, Stimm- und Sprachstörungen, Wahrnehmungsstörungen (subjektive Beeinträchtigung des Sehens und Hörens), Veränderungen der Stimme (meist höher), Stottern, Essstörungen mit Appetitlosigkeit oder Heißhungerattacken zum Stressabbau.

Welche körperlichen Symptome treten bei Ihnen lange vor, kurz vor und in Prüfungssituationen auf? Welche körperlichen Beschwerden sind für Sie besonders belastend oder am peinlichsten, wenn andere Sie beobachten?

Die anhaltende Muskelverspannung, die manchen Betroffenen gar nicht mehr auffällt, führt schließlich zu chronischer Müdigkeit und Erschöpfung. Eine zunehmende Schonhaltung wegen der Beschwerden verschlechtert die allgemeine Fitness. Wichtig wären hier mehr Sport und sonstige körperliche Betätigung zum Abbau der chronischen Muskelverspannung.

Im Schlaf regeneriert sich das Immunsystem, und in der Nacht wird das Gelernte endgültig biochemisch im Langzeitgedächtnis abgespeichert. Länger dauernde Schlafstörungen können dazu führen, dass der Körper nicht fit ist und leichter krank wird als sonst, vor allem aber auch dazu, dass das erworbene Wissen nicht ausreichend abgespeichert wird, trotz intensiven Lernens am Vortag.

Schlafstörungen können Sie also am nächsten Tag bei der Prüfung um die Früchte Ihrer Arbeit bringen. Haben Sie das gewusst? Und wenn Sie es gewusst haben: Achten Sie auch tatsächlich auf ausreichenden Schlaf?

STEIGERUNG DER FURCHT BIS ZUR PANIK

WENN IHRE DIFFUSE ANGST, bei der Prüfung zu scheitern, in konkrete Furcht umschlägt, wie schlecht Sie abschneiden werden und welche Folgen dies für Ihr Leben haben wird, sind Sie in den Zustand der *Panik* geraten.

Ein paar Informationen zum Aufbau unseres Gehirns erleichtern Ihnen das Verständnis und die Bewältigung von panikartiger Furcht angesichts von Prüfungssituationen. Entwicklungsgeschichtlich gesehen besteht unser Gehirn – etwas vereinfacht ausgedrückt – aus drei großen Bereichen:

▶ Der **Hirnstamm** – auch Reptilienhirn genannt, weil er bereits bei den einfachsten Tieren vorhanden ist – steuert unsere vitalen Funktionen. Er ermöglicht bei Bedrohung unser Überleben, indem er eine Kampf-Flucht-Reaktion des Körpers in Gang setzt. Im Hirnstamm, der die Verlängerung des Rückenmarks darstellt, wird das Stresshormon Noradrenalin ausgeschüttet, das unseren Körper in Aktivität versetzt.

▶ Das **limbische System** – auch Säugetierhirn genannt – ist eine Funktionseinheit im mittleren Teil unseres Gehirns mit zahlreichen Teilbereichen, die für unsere Emotionen und unser Triebverhalten zuständig sind. Zwei Kerne, die sogenannten Mandelkerne, lösen in Verbindung mit anderen Hirnrealen Emotionen wie Angst und Furcht aus. Die entsprechende Schutzreaktion wird dann vom Hirnstamm blitzschnell ausgeführt.

▶ Die **Großhirnrinde** – auch Cortex genannt – gilt als unser spezifisch menschliches Gehirn. Sie liegt über den entwicklungsgeschichtlich älteren Teilen des Gehirns. Ein Teil davon, das Frontalhirn, genauer der sogenannte präfrontale Cortex, ist für die Planung, Organisation und Kontrolle unseres Verhaltens zuständig. Jede gelungene und zielführende Verhaltenssteuerung durch Selbsterziehung und Psychotherapie ist eine Leistung des Frontalhirns.

Jetzt verstehen Sie besser, dass unkontrollierbare Furcht und Panik nichts mit Nervenschwäche zu tun haben, sondern eine gesunde, biologisch gesteuerte Reaktion auf eine Bedrohung sind. Der

Ablauf im Gehirn bleibt bei subjektiver Bedrohung gleich, egal ob diese real erlebt oder nur vorgestellt wird. Furcht und Panik gehen vom limbischen System aus. Die beiden Mandelkerne bewirken blitzschnell eine Kampf-Flucht-Reaktion. Erst zeitverzögert erkennt die Großhirnrinde, ob tatsächlich eine Gefahr besteht oder nicht, und steuert mithilfe des Frontalhirns unser weiteres Verhalten.

Bei akutem Stress und starkem Bedrohungsgefühl werden unsere höheren Denkleistungen vorübergehend vermindert oder ganz blockiert, um das biologisch verankerte Überlebensprogramm zu aktivieren. Starke Prüfungsangst beeinträchtigt also kurzfristig das Arbeitsgedächtnis und die planende und steuernde Funktion unseres Gehirns.

Bei großer Furcht und starker Panik blockieren die Mandelkerne den Hippocampus, in dem unser Wissen gespeichert ist, sowie die höheren geistigen Funktionen. Sie können dann nicht nur schlechter lernen, sondern das Gelernte bei der Prüfung auch nicht so gut wiedergeben – im schlimmsten Fall erfolgt ein Black-out. Kurz nach der Prüfung fällt Ihnen dann alles ganz von allein wieder ein. Haben Sie diese Erfahrung schon einmal gemacht?

PROBLEMATISCHE VERHALTENSWEISEN

MAN KANN DREI ARTEN VON PROBLEMATISCHEN VERHALTENSWEISEN unterscheiden, die wesentlich zur Verschärfung der Prüfungsangst beitragen:

1. Falsche Lernstrategien

Ein häufiger Lernfehler ist das *Hinausschieben des Lernbeginns*, weil angeblich noch genügend Zeit sei und es momentan wichtigere

Dinge gebe. Die Zeit vergeht ohne rechtzeitige Prüfungsvorbereitung, sodass unter dem anschließenden Zeitdruck leicht Angst und Panik auftreten.

Die *einseitige Konzentration aller Energien auf das Lernen* führt dagegen zur übermäßigen Einschränkung von Hobbys, Unternehmungen mit Freunden, sportlichen oder musikalischen Aktivitäten und sonstigen Freizeitbeschäftigungen, sodass im Laufe der Zeit eine Erschöpfung eintritt oder gar die Freude am Leben verloren geht.

Ungünstige Lernstrategien, wie etwa eine übergenaue Aufarbeitung des Prüfungsstoffs aus Angst vor Kritik und Versagen, zu wenige Wiederholungen zur Festigung des Gelernten oder Verzicht auf präzise Zusammenfassungen des Prüfungsstoffs mit eigenen Worten, haben zur Folge, dass Erfolgserlebnisse bei der Prüfung ausbleiben oder nur mäßig sind, bezogen auf den hohen, jedoch ineffizienten Lernaufwand.

2. Vermeidungsverhalten

Die Betroffenen verschieben aus Angst vor Versagen wichtige Prüfungen, um angeblich bis zu einem späteren Zeitpunkt mehr lernen zu können – eine Absicht, die aber nicht umgesetzt wird. Das *Aufschieben* – umgangssprachlich bekannt als »Aufschieberitis« (englischer Fachausdruck »procrastination«) – bringt nur kurzfristige Erleichterung und schafft langfristig noch mehr Druck.

Eine Form des Aufschiebens sind auch langwierige Vorbereitungen für optimale Lernbedingungen, wie etwa Aufräumen von Zimmer und Schreibtisch, ständige Änderungen von Lernplänen, zeitraubendes Besorgen der bestmöglichen Unterlagen, ohne dass dann tatsächlich konsequent gelernt wird.

Der schlimmste Fall – das totale *Vermeiden* von schriftlichen und mündlichen Prüfungen oder das *Absagen* bereits vereinbarter Prüfungstermine ohne neuerliche Terminvereinbarung – kann dazu führen, dass sich die Studienzeit verlängert oder das Studium gar nicht abgeschlossen wird. Im Schulsystem ist das Vermeiden oder Verschieben von Prüfungen nicht so leicht möglich wie an der Universität. Betroffene rechtfertigen dann das Fernbleiben von der Schule durch körperliche oder psychische Beschwerden nach dem Motto: »Nicht da gewesen – nicht durchgefallen.« Doch auch übermäßige Fehlzeiten können dazu führen, dass das Schuljahr wiederholt werden muss oder der Abschluss gefährdet ist.

Wegen Schlafstörungen, Konzentrationsstörungen, Panikattacken oder anhaltenden körperlichen Symptomen, wie etwa Schwindel, Übelkeit, Appetitlosigkeit, Magenbeschwerden oder Verdauungsproblemen, wird oft auch der Hausarzt eingeschaltet, der neben der Verordnung von pflanzlichen Mitteln oder eines Medikaments das Fernbleiben von der Schule für einige Zeit rechtfertigen soll. Solche Beschwerden führen oft auch dazu, dass die Betroffenen den Unterricht verlassen oder gar die Prüfung abbrechen.

3. Ablenkung

Die Umlenkung der Aufmerksamkeit auf andere Dinge als das Lernen stellt eine Form der Angst- und Stressverminderung dar. Es bestehen zahlreiche Möglichkeiten der Ablenkung: Radio hören, fernsehen, im Internet surfen, übermäßige Nutzung von sozialen Medien, Computerspiele spielen, Treffen mit Freunden, Lesen von Zeitungen, Zeitschriften oder prüfungsirrelevanten Büchern, Flucht in Hobbys, Sport oder Außer-Haus-Aktivitäten, Tätigkeiten, die als moralische Berechtigung dienen, im Moment nicht studieren zu müssen, wie etwa soziales oder sozialpolitisches Engagement, Wohnraumgestaltung oder Ausweitung eines Studentenjobs.

Die Ablenkung von der Prüfungsvorbereitung und die Verminderung von Prüfungsangst werden erleichtert durch die Einnahme von Beruhigungsmitteln oder den Konsum von Alkohol oder illegalen Drogen – ein Teufelskreis, durch den alles noch schlimmer wird.

In welcher Weise treffen diese drei Formen problematischen Verhaltens angesichts von Prüfungen auf Sie zu?

WIE VERBREITET IST PRÜFUNGSANGST EIGENTLICH?

PRÜFUNGSANGST GILT ALS WEITVERBREITETES PROBLEM bei Kindern, Jugendlichen und Erwachsenen. Die erhobenen Daten zur Häufigkeit zeigen jedoch eine große Schwankungsbreite, und zwar von 5 bis 40 Prozent der befragten Personen. Trotz verschiedener Fragebögen besteht keine einheitliche Definition von Prüfungsangst, was die Vergleichbarkeit der Befragungsergebnisse erschwert. Darüber hinaus müssen auch Unterschiede bezüglich Geschlecht, Alter, Region, Schultyp und Universität sowie der Zeitpunkt der Ausbildung berücksichtigt werden.

Aufgrund der vorliegenden Befragungen ist davon auszugehen, dass mindestens jeder siebte, eher jeder vierte Schüler und Student von belastender Prüfungsangst betroffen ist.

Für *Deutschland* gilt: 15 bis 20 Prozent aller 8- bis 18-jährigen deutschsprachigen Kinder und Jugendlichen haben Angst vor negativem Abschneiden bei Prüfungen. Mehr als ein Viertel der Studierenden leidet unter Prüfungsangst: 28 Prozent der Uni-Studenten und 26 Prozent der FH-Studenten hatten im Wintersemester 2012/2013 Angst vor Prüfungen. 19 Prozent machten sich zudem Sorgen, ob sie das Studium überhaupt schaffen.

Nach einer älteren Befragung litten im Wintersemester 2006/2007 sogar mehr als ein Drittel (36 Prozent) der Studierenden unter massiver Prüfungsangst. Bei zwei großen deutschen Umfragen gaben 13 bis 16 Prozent der Studierenden einen Beratungsbedarf wegen ihrer Prüfungsangst an. Die Nachfrage nach Beratung wegen Prüfungsangst nimmt generell zu.

In einer österreichischen *Untersuchung* zum Zusammenhang von Prüfungsangst, Schulleistung und Lebensqualität, repräsentativ für das Bundesland Tirol, wurden Schüler der dritten und sechsten Klasse befragt. Demnach litten 8 Prozent der Schüler der dritten Klasse und 16 Prozent der Schüler der sechsten Klasse – also doppelt so viele – unter ausgeprägter Prüfungsangst. Diese Prüfungsangst wirkte sich nachweislich negativ auf die Leistungsfähigkeit bei Rechenaufgaben aus.

Bei weiblichen Prüflingen kommt Prüfungsangst etwas häufiger vor als bei männlichen. Sie steigt laut Studien mit der Länge der Ausbildung, mit der Unlust am Schulbesuch ganz allgemein sowie mit mangelnder Motivation und unzureichendem Wissensstand in einem bestimmten Fachbereich. Die Angst vor Prüfungen in einem Fach kann sich im Laufe der Zeit auch auf andere Fächer ausweiten.

Prüfungsangst ist im Schulbereich je nach Fach unterschiedlich stark ausgeprägt. Es ist erwiesen, dass Prüfungsangst in Bezug auf das Fach Mathematik viel stärker ist als in Bezug auf das Fach

Deutsch. Die fachspezifische Komponente von Prüfungsangst muss zukünftig für den Bereich der Beratung und Behandlung stärker berücksichtigt werden als bisher.

Hoch prüfungsängstliche Studierende leiden, wie bei Medizinstudenten festgestellt wurde, weitaus häufiger als andere Studenten auch an sozialen Ängsten, an spezifischen Phobien sowie an weiteren psychischen Störungen. Sie nahmen auch öfter Medikamente ein und wiesen häufiger Studienverzögerungen auf als ihre nicht prüfungsängstlichen Kommilitonen.

Rund 25 Prozent der Studierenden leiden unter psychischen Störungen, vor allem unter Angststörungen, Depressionen, Anpassungs- und Belastungsstörungen. Da ist es kein Wunder, wenn krankheitswertige Prüfungsangst ähnlich häufig auftritt.

Menschen mit sozialen Ängsten – dazu zählen auch viele stark prüfungsängstliche Personen – verzichten aus Bewertungs- und Versagensangst häufig auf den Abschluss von Aus-, Fort- und Weiterbildungen und arbeiten minderqualifiziert unterhalb ihrer Möglichkeiten; sie streben selbst bei vorhandener fachlicher Qualifikation keinen beruflichen Aufstieg an, weil sie dies mit einer unangenehm erlebten Mittelpunktsposition in Verbindung bringen.

Zwei Fragen können derzeit von der Forschung noch nicht seriös beantwortet werden: Sind jene Studierenden, die bereits in der Zeit der Vorbereitung große Prüfungsangst haben, gleichzeitig jene, bei denen dies auch während der Prüfungssituation der Fall ist? Oder gibt es viele prüfungsängstliche Personen, die nur in einer der beiden Situationen von Prüfungsangst geplagt sind? Wie ist es bei Ihnen?

Um das Entstehen von Prüfungsangst zu verstehen, werden im Folgenden Voraussetzungen und Prozesse betrachtet, die Prüfungsangst begünstigen oder verursachen.

MENSCHEN MIT PRÜFUNGSANGST – SECHS TYPEN

IN DER FACHLITERATUR WERDEN SECHS TYPEN von prüfungsängstlichen Personen unterschieden (nach Fehm & Fydrich, 2011):

1. *Leistungsschwache*

Die Betroffenen verfügen unabhängig von Prüfungen und Prüfungsangst nur über ein geringes Maß an Wissen beziehungsweise an Fertigkeiten, dieses Wissen aufzunehmen und abzurufen. Prüfungsangst hängt in diesem Fall mit mangelndem Wissen und unzureichenden Lernstrategien zusammen.

Hilfreich ist die Aneignung von effizienten Lerntechniken, von ausreichendem Fachwissen sowie von besserer Präsentationsfähigkeit.

2. *Emotional Blockierte*

Die Prüflinge haben zwar das nötige Fachwissen und eine ausreichende Lernfähigkeit, sie sind jedoch wegen ihrer emotionalen Blockaden nicht in der Lage, ihr Wissen ausreichend abzurufen oder zu präsentieren. Oft können sie bereits in der Zeit der Prüfungsvorbereitung Informationen nicht optimal aufnehmen, was die Angst, während der Prüfung zu versagen, noch verstärkt. Prüfungsangst hängt in diesem Fall eng mit emotionalen Faktoren zusammen.

Hilfreich sind Maßnahmen zur Reduzierung der Aufgeregtheit und Nervosität.

3. *Resignierte*

Die Betroffenen neigen aufgrund zahlreicher negativer Prüfungsergebnisse zur Resignation. Sie betrachten sich als Versager und erwarten daher aufgrund ihres negativen Selbstbildes auch in

Zukunft zu versagen. Prüfungsangst ist in diesem Fall gar keine reine Angst mehr (bei einer Versagensangst besteht immerhin noch ein Funken von Hoffnung auf Erfolg), sondern vielmehr eine depressive Grundüberzeugung, ohnehin zum Scheitern verurteilt zu sein.

Hilfreich sind neben wirksamen Lernstrategien vor allem Maßnahmen zur Stärkung des Selbstwertgefühls.

4. Misserfolgsvermeider

Bei diesen Prüflingen hängt der ganze Selbstwert vom Prüfungserfolg ab. Sie bereiten sich auf Prüfungen durch übertriebenen Lerneinsatz vor, um Misserfolg auf jeden Fall zu vermeiden, denn sie betrachten jedes Versagen als Bestätigung von Unfähigkeit und mangelndem Talent. Jeder Prüfungserfolg stärkt jedoch nur vorübergehend das Selbstwertgefühl, schließlich könnte bei der nächsten Prüfung doch noch die grundlegende Unfähigkeit offenbar werden. Prüfungsangst resultiert in diesem Fall nicht aus einem perfektionistischen Erfolgsstreben, sondern aus dem unerträglichen Restrisiko des möglichen Scheiterns.

Hilfreich ist eine Änderung der zugrunde liegenden Denkmuster.

5. Selbstbehinderer

Die Betroffenen verwenden ihre Prüfungsangst als Ausrede für Versagen, Vermeiden oder Verschieben von Prüfungen.

Hilfreich sind die Beseitigung möglicher Wissensdefizite und die Entwicklung von effizienten Lernstrategien. Es geht darum, trotz Angst vor Versagen alle nur möglichen Chancen zum Erfolg zu nutzen, statt das Vermeiden oder Versagen mit psychischen Problemen zu rechtfertigen.

6. Übertriebene Perfektionisten

Perfektionistisch orientierte Prüflinge stellen überhöhte Ansprüche an sich selbst. Sie sind ständig unzufrieden mit ihren Leistungen, gemessen an ihren eigenen oder den subjektiv erlebten Standards anderer, wie etwa Eltern, Lehrer oder Professoren. Sie sehen sich selbst nur bei allerbesten Leistungen bestätigt. Die Betroffenen widmen in streberhafter Weise ihre Zeit nur dem Lernen, unter Vernachlässigung anderer wichtiger Bereiche des Lebens. Prüfungsangst hängt in diesem Fall mit dem selbst auferlegten Stress zusammen, immer unter den Besten sein zu müssen.

Hilfreich sind eine Änderung der damit verbundenen Denkmuster, eine Reduzierung der stark überhöhten Ansprüche und die Entwicklung eines Selbstwertgefühls, das nicht ausschließlich auf schulischer oder beruflicher Maximalleistung beruht.

Welcher Typ von Prüfungsangst trifft auf Sie am besten, welcher am zweitbesten zu? Aus Ihrer Antwort ergeben sich Anhaltspunkte darauf, woran Sie in Zukunft arbeiten sollten.

WOHER KOMMT PRÜFUNGSANGST?

ERKLÄRUNGSMODELLE DER WISSENSCHAFT

DIE FOLGENDEN SECHS ERKLÄRUNGSMODELLE zur Entstehung von Prüfungsangst beleuchten häufige Ursachen und zeigen zugleich mögliche Behandlungsansätze auf (nach Fehm & Fydrich, 2011):

1. Lerntheoretisches Modell

Prüfungsangst kann auf verschiedene Weise gelernt werden, am häufigsten wohl durch negative Erfahrungen in bestimmten Prüfungssituationen, vor allem durch schlechte Noten oder unangenehme Erfahrungen mit einem oder mehreren Prüfern. Im Laufe der Zeit weitet sich die Prüfungsangst auf alle möglichen Formen von Prüfungen aus, die vorher nicht betroffen waren.

Hilfreich ist die Konfrontation mit Prüfungssituationen ohne Vermeidungsverhalten. Dadurch wird das Furchtgedächtnis durch das Erfolgsgedächtnis bei positivem Abschneiden ergänzt. Es gilt das Motto:»Nichts macht so erfolgreich wie der Erfolg.«

2. Interferenz-Modell
(Versagensangst durch Aufmerksamkeitsstörungen)

Prüfungsangst kann die Folge einer konzentrationsbedingten Leistungsstörung und einer damit einhergehenden Minderleistung bei an sich kompetenten Personen sein.

Die ständige Beschäftigung mit sich selbst (»Bin ich gut genug?«) sowie mit prüfungsfremden Gedanken und Vorstellungen (»Welche Folgen wird ein negatives Ergebnis haben?«) führt dazu, dass nicht die Aufgabe im Mittelpunkt der Aufmerksamkeit steht, sondern die eigene Person.

Hilfreich ist ein Training der leistungsbezogenen Aufmerksamkeit, um die Abgelenktheit durch das ständige Grübeln und Sich-Sorgen zu unterbrechen. Es gilt das Motto:»Richte deine Aufmerksamkeit auf die Aufgabe und nicht auf dich selbst und die anderen!«

3. Defizit-Modell
(Versagensangst durch mangelnde Fertigkeiten)

Prüfungsangst kann die Folge von Defiziten sein. Dazu gehören wahrgenommene Leistungsschwächen und unzureichende Arbeits- und Lernstrategien.

Hilfreich sind die Förderung der fachspezifischen Kompetenz und die Verbesserung der Lerntechniken. Es gilt das Motto: »Arbeite am Aufbau deiner Kompetenz und nicht einfach nur am Abbau deiner Prüfungsangst!«

4. Selbstregulations-Modell
(mangelnde Erfolgsrückmeldung durch überhöhte Ziele)

Prüfungsangst kann die Folge der deprimierenden Bewertung sein, dass das Leistungsergebnis immer weit hinter dem eigenen Anspruch zurückbleibt. Sind die Erwartungen unrealistisch hoch, erreicht der Ist-Zustand niemals das Niveau des Soll-Zustandes, und Angst und Unzufriedenheit bleiben zurück.

Hilfreich ist die Verminderung der Ist-Soll-Diskrepanz. Es gilt das Motto: »Sei mit dem zufrieden, was machbar ist!«

5. Selbstwert-Modell
(Misserfolge schwächen den Selbstwert)

Prüfungsangst kann Ausdruck dafür sein, dass man Versagen als Bedrohung des Selbstwertgefühls erlebt. Das Selbstwertgefühl des Menschen hängt sehr mit seiner schulischen, akademischen und beruflichen Leistungsfähigkeit zusammen. Menschen mit geringem Selbstwert neigen ebenso zu mehr Prüfungsangst wie Menschen, deren Selbstwert durch schlechte Leistungen geschmälert wurde. Misserfolge beeinträchtigen das Selbstwertgefühl umso mehr, je größer der erbrachte Leistungsaufwand war.

Hilfreich ist, das Selbstwertgefühl nicht allein von der momentanen Leistungsfähigkeit abhängig zu machen. Es gilt das Motto: »Je mehr Stützen dein Selbstwertgefühl hat, umso weniger wird es durch ein plötzliches Leistungsversagen bedroht.«

6. Transaktionales Modell (Prüfungsangst als komplexes Wechselspiel vieler verschiedener Faktoren)

Prüfungsangst kann das Ergebnis von sich ungünstig aufschaukelnden Wechselwirkungen vieler verschiedener Faktoren sein. Zu berücksichtigen sind dabei Persönlichkeitsmerkmale, Umstände der Prüfungssituation, mentale und emotionale Bewertungen, aktuell vorhandene Bewältigungsstrategien bezüglich Prüfungsangst und frühere positive beziehungsweise negative Lernerfahrungen. *Hilfreich* ist bei diesem komplexen Modell von Prüfungsangst jede Intervention, die diesen Teufelskreis unterbricht. Es gilt das Motto: »Wenn du schon die äußeren Umstände und deine innere Befindlichkeit nicht ändern kannst, ändere deine Einstellung und dein Verhalten so, dass du dennoch erfolgreich sein kannst.«

PRÜFUNGSANGST – EIN VIELSCHICHTIGES PHÄNOMEN

DIE URSACHEN VON PRÜFUNGSANGST lassen sich in zwei Gruppen einteilen: personbezogene und umweltbedingte Faktoren.

Persönliche Denkmuster

Prüfungsängstliche Schüler und Studenten lassen sich im Vergleich zu wenig prüfungsängstlichen Schülern und Studenten vor allem durch folgende Denkmuster charakterisieren:

▶ **Emotional negative Einstellung gegenüber Prüfungen**

Viele prüfungsängstliche Personen haben grundsätzlich eine emotional sehr negative Einstellung gegenüber Prüfungen. Sie erleben alle Umstände und Anforderungen im Zusammenhang mit Prüfungen als höchst unangenehm, belastend und bedrohlich – als aversiv, wie dies in der Fachsprache heißt. In Prüfungssituationen fühlen sie sich hilflos ausgeliefert, und zwar der Ungewissheit der Situation, dem unberechenbaren Prüfer, den unvorhersehbaren Aufgabenstellungen und Reaktionen der Zuhörer, aber auch den unkontrollierbaren Reaktionen des eigenen Körpers.

Diese ablehnende Haltung wirkt sich hemmend auf die Leistungsmotivation aus, und mangelnder Lerneifer führt zu Wissensdefiziten, die dann die bereits vorhandene Prüfungsangst noch verstärken.

▶ **Bewertung von Angst und Angstsymptomen als Zeichen von Schwäche**
Prüfungsängstliche Personen sind ständig von der »Angst vor der Angst« geplagt – bis hin zur »Angst vor der Panik«. Sie betrachten Angst an sich sowie alle auftretenden körperlichen Angstsymptome, vor allem jedoch Panikattacken, grundsätzlich als negativ und unerwünscht. Sie konzentrieren sich auf den Kampf gegen diese Gefühle, anstatt die ängstliche Erregung zu akzeptieren und die Aufmerksamkeit auf das zu richten, was im Moment der mündlichen oder schriftlichen Prüfung zu tun ist.

Darüber hinaus begünstigt die ständige Angst vor angstbedingten Konzentrations- und Gedächtnisstörungen erst recht eine Unkonzentriertheit in der Prüfungssituation mit erhöhter Fehleranfälligkeit und Blackout-Gefahr.

▶ **Furcht vor Misserfolg**
Prüfungsängstliche Personen haben wie alle anderen Menschen vor und in Leistungs- und Prüfungssituationen zwei mögliche Sichtweisen: »Hoffnung auf Erfolg« oder »Furcht vor Misserfolg«. Sie gehen von geringen oder minimalen Erfolgsaussichten aus und fürchten daher den Misserfolg. Deshalb wollen sie alles tun, um keinen Misserfolg zu haben, anstatt – in positiver Weise – die Chancen auf Erfolg zu

erhöhen. Mit anderen Worten: Sie konzentrieren sich auf die Minimierung der Misserfolgswahrscheinlichkeit statt auf die Maximierung
der Erfolgswahrscheinlichkeit.

Werden die Erfolgsaussichten als gering eingeschätzt, erhöht sich
in der Phase der Vorbereitungszeit die Prüfungsangst. Lernmotivation
und Anstrengungsbereitschaft nehmen ab, und die Betroffenen neigen
in der Prüfungssituation eher zur Resignation angesichts schwieriger,
aber eigentlich zu bewältigender Aufgabenstellungen.

▶ **Katastrophendenken**
Prüfungsängstliche Personen neigen zum Katastrophendenken und
dramatisieren mögliche Misserfolge. Sie übertreiben die Folgen eines
Prüfungsversagens maßlos und setzen diese mit dem Zusammenbruch
aller Hoffnungen und Ziele gleich. Sie geraten gleich in eine Welt-
untergangsstimmung und haben keinerlei Vorstellung, wie es nach
dem Scheitern bei einer Prüfung gut weitergehen soll.

Es ist zwar wichtig, Alternativen zu entwickeln, wenn ein Lernziel
nicht erreicht werden kann, zunächst ist es jedoch hilfreicher, nach
einem Misserfolg durch bestimmte Aktivitäten die Lebensfreude und
das Selbstwertgefühl wieder aufzubauen, zum Beispiel durch ein
Treffen mit Freunden, einen Kurzurlaub oder soziale beziehungsweise
kulturelle Aktivitäten, die durch das Lernen in der letzten Zeit zu kurz
gekommen sind.

▶ **Falsche Ursachenzuschreibung von Erfolg und Misserfolg**
Viele prüfungsängstliche Personen sehen keinen ursächlichen Zusammenhang zwischen ihren Handlungen und den erreichten Ergebnissen.
Sie glauben, keinen wesentlichen Einfluss darauf zu haben, wie sich
ihr hoher Lerneinsatz in entsprechenden Prüfungsleistungen widerspiegeln kann, haben also geringe Kontrollüberzeugungen, wie man in

der Fachsprache sagt. In der Prüfungssituation fühlen sie sich als Opfer eines unbeeinflussbaren Schicksals statt als Gestalter ihrer Erfolgs- und Karrierechancen.

Viele prüfungsängstliche Personen schreiben Erfolg und Misserfolg falschen Ursachen zu. Sie schreiben den Erfolg nicht sich selbst und den eigenen Bemühungen zu, sondern äußeren Faktoren: dem Zufall, großem Glück, einem wohlwollenden Prüfer, der Unterstützung vonseiten anderer Menschen oder einer nur geringen Aufgabenschwierigkeit: »Weil ich die Aufgabe geschafft habe, kann sie nur leicht gewesen sein; beim nächsten Mal versage ich bestimmt, wenn es schwieriger wird.« Den Misserfolg schreiben sie dagegen sich selbst zu, nämlich ihrer mangelnden Begabung oder ihren fachspezifischen Schwächen – statt ungünstigen äußeren Umständen, wie etwa unfairen Prüfungsbedingungen, oder wenigstens veränderbaren, mit ihrer eigenen Person zusammenhängenden Bedingungen, zum Beispiel mangelndem Lerneinsatz oder schlechter Tagesverfassung.

Bei erfolgsmotivierten Schülern ist es genau umgekehrt. Sie führen den Erfolg auf ihre Anstrengung und ihre Leistungsfähigkeit zurück, schlechte Noten dagegen auf Umstände, die nichts mit ihrer Grundpersönlichkeit zu tun haben.

▶ **Geringe Fehlertoleranz**
Prüfungsängstliche Personen können Misserfolge und Versagenserlebnisse nicht als normale, wenngleich schmerzliche Erfahrungen auf dem Weg zum Erfolg annehmen. Sie betrachten diese als sichtbaren Beweis für ihre Unfähigkeit als Mensch und für ihre mangelnde Eignung in einem bestimmten Fachbereich. Sie können Misserfolge nicht als Chance sehen, daraus etwas zu lernen. Erst die Bereitschaft, Schwächen und Fehler zuzulassen, vermindert die Prüfungsangst.

▶ **Überhöhte Ansprüche**

Viele prüfungsängstliche Personen haben ein perfektionistisches Leistungsdenken, das keine Mittelmäßigkeit zulässt. Nur allerhöchste Ziele gelten als erstrebenswert und werden entsprechend energisch verfolgt, oft unter Vernachlässigung aller anderen Bedürfnisse und Interessen. Das Selbstwertgefühl beruht einseitig auf der schulischen, akademischen oder beruflichen Leistungsfähigkeit. Allein Höchstleistungen zählen als Ausdruck von Kompetenz und Erfolg und nur das bestmögliche Prüfungsergebnis ist gut genug. Einfach zu bestehen oder bei den Noten nur im Mittelfeld zu liegen ist zu wenig. Ein derartiger, selbst auferlegter Leistungsdruck steigert die Angst zu versagen erheblich.

▶ **Geringes Selbstwertgefühl**

Viele prüfungsängstliche Personen weisen auch unabhängig von Prüfungen ein geringes oder instabiles Selbstwertgefühl auf. Sie leiden unter Minderwertigkeitsgefühlen und haben nur ein geringes Selbstvertrauen. Im Zuge ihrer Selbstabwertung halten sie sich für dumm und unfähig. Menschen mit Selbstwertproblemen entwickeln viel eher als andere Personen eine ausgeprägte Prüfungsangst. Im Gegensatz zu selbstbewussten und erfolgsorientierten Personen betrachten sie Prüfungen als Bedrohung ihres Selbstwertgefühls.

Welche der beschriebenen Denkmuster sind auch bei Ihnen vorhanden? Welche sollten Sie ändern oder zumindest in der jeweiligen Situation aus kritischer Distanz betrachten, sodass Sie entspannter und erfolgreicher lernen könnten?

Soziales Umfeld

Das Ausmaß von Prüfungsangst wird durch das soziale und gesellschaftliche Umfeld wesentlich mitbestimmt:

▶ **Elternhaus und erlebte familiäre Sozialisation**

Leistungsdruck, hohe Erwartungen und ständige Kritik bei Fehlern können von klein auf die Freude am Lernen beeinträchtigen, weil den Eltern möglichst gute Lernergebnisse besonders wichtig sind. Ständige Leistungsvergleiche mit einem erfolgreichen Geschwisterkind erhöhen zusätzlich den Prüfungsstress.

Bedeutsam sind aber auch gegenteilige familiäre Sozialisationserfahrungen: Mangelnde Unterstützung vonseiten der Eltern kann Wissensdefizite zur Folge haben, die das Entstehen von Prüfungsangst begünstigen, und fehlende Erfolgsmodelle im familiären Bereich können den Ansporn zum eigenen schulischen Erfolg vermindern.

Manchmal besteht zwar kein familiärer Leistungsdruck, dennoch möchten die Betroffenen alles nur Mögliche tun, um ihren Eltern mit guten Noten eine Freude zu bereiten.

Welche familiären Umstände in der Vergangenheit oder Gegenwart könnten an der Entwicklung Ihrer Prüfungsangst beteiligt sein?

▶ **Schulische, universitäre und berufliche Situation in Vergangenheit und Gegenwart**

Die subjektiv wahrgenommene außerfamiliäre Lernumgebung, wie etwa das Verhalten der Lehrer und Mitschüler, kann Prüfungsangst vermindern oder verstärken.

Die Entwicklung einer allgemeinen Schulangst oder einer zunehmenden Schulunlust begünstigt die Verschärfung der Prüfungsangst.

Deprimierende Prüfungserfahrungen und zahlreiche Misserfolgserlebnisse vermindern die Lernmotivation, die Anstrengungsbereitschaft und die Hoffnung auf Erfolg.

Welche negativen Erfahrungen mit Lehrern, Professoren, Mitschülern und Studienkolleginnen und welche negativen Prüfungserlebnisse in der Schule oder an der Universität haben die Ausprägung Ihrer Prüfungsangst gefördert?

▶ **Gesellschaftliche Bedingungen**
Wir leben in einer Gesellschaft, die den Wert des Menschen sehr stark über seine Leistung definiert. Bestimmte schulische oder akademische Ausbildungen sind notwendig, um mit der zunehmenden Konkurrenz auf dem Arbeitsmarkt mithalten zu können, und besondere Tüchtigkeit wird erwartet, um im Beruf das Maximale zu erreichen. Das Abitur oder ein akademischer Abschluss erhöhen die Chancen auf beruflichen Fortschritt und besseres Einkommen – eine Garantie dafür gibt es aber nicht.

Welchem gesellschaftlichen Druck fühlen Sie sich bereits während Ihrer Ausbildungszeit ausgesetzt? Inwiefern könnte das bei der Entstehung oder Aufrechterhaltung Ihrer Prüfungsangst eine Rolle spielen?

PRÜFUNGSANGST – DIE FOLGEN

Prüfungsangst kann viele negative Auswirkungen haben:

▶ deutliche Verlängerung der schulischen oder akademischen Ausbildung,

▶ Abbruch der Ausbildung und dadurch Unterqualifizierung auf dem Arbeitsmarkt,

▶ Nichtbestehen einer Aufnahmeprüfung für eine gewünschte Ausbildung,

▶ verwirkte Chancen beim Einstieg in den nächsten Bildungsabschnitt aufgrund schlechter Noten,

▶ ein schlechteres Zeugnis beim Schul- oder Uni-Abschluss, mit Folgen für die anschließende Jobsuche,

▶ Vernachlässigung anderer Aspekte des Lebens und Verzicht auf freudvolle Aktivitäten,

▶ Verlust des Selbstwertgefühls bis hin zu sozialem Rückzug wegen des als peinlich erlebten Versagens,

▶ Entwicklung einer Angststörung, insbesondere einer sozialen Angststörung aufgrund der ständigen unbeherrschbaren Bewertungsangst oder einer Panikstörung aufgrund erlebter Panikattacken,

▶ Auftreten einer depressiven Reaktion oder gar einer depressiven Episode mittelgradigen oder schweren Ausmaßes bis hin zu Selbstmordgedanken, mit längerer psychiatrischer Behandlungsbedürftigkeit,

▶ übermäßiger Gebrauch von natürlichen, pflanzlichen Mitteln, Beruhigungstees und anderen an sich harmlosen Mitteln, um die Angstsymptome zu dämpfen (statt zusätzlich auch andere Formen der Spannungsreduktion zu entwickeln, wie etwa sportliche Betätigung oder Entspannungstechniken),

▶ schädlicher Gebrauch von Alkohol, Beruhigungsmitteln oder illegalen Drogen bis hin zur Abhängigkeit von derartigen Substanzen,

▶ andauernde Ein- und Durchschlafstörungen bis hin zu Albträumen,
▶ anhaltende körperliche Beschwerden, wie etwa Schwindel, Übelkeit oder Schmerzen, die sich trotz mehrfacher Untersuchungen nicht beziehungsweise nicht ausschließlich organmedizinisch erklären lassen, weil Prüfungsangst dabei eine Rolle spielt,
▶ familiäre Probleme aufgrund enttäuschter Erwartungen bei fortgesetztem Versagen in Prüfungen.

Was sind für Sie die bisher negativsten Auswirkungen Ihrer Prüfungsangst? Was könnte schlimmstenfalls passieren, wenn Sie damit zukünftig nicht zurechtkommen? Oder positiv formuliert: Was sind Ihre größten Hoffnungen für den erreichbaren Fall, dass Sie Ihre Prüfungsangst besiegen?

Ausgeprägte Prüfungsangst gilt dann als krankheitswertig, wenn sie mit einer erheblichen Beeinträchtigung der Lebensqualität und der schulischen, beruflichen oder sozialen Funktionsfähigkeit einhergeht. Krankheitswertige Prüfungsangst wird meistens der Diagnosekategorie *soziale Phobie* zugeordnet, die immer häufiger auch *soziale Angststörung* genannt wird, hier jedoch eingeschränkt auf den Bereich von Leistungssituationen. In bestimmten Fällen wird alternativ auch die Diagnose *spezifische Phobie* gestellt. Für den Fall einer Diagnose als Ausdruck einer krankheitswertigen Prüfungsangst sind die Krankenkassen leistungspflichtig.

Dazu muss es nicht kommen. Mit dem folgenden Zehn-Schritte-Programm brechen Sie auf in eine freiere und erfolgreichere Zukunft.

TEIL 2
IHR PERSÖNLICHES
ZEHN-SCHRITTE-PROGRAMM

PRÜFUNGSANGST IST EINE GANZ NORMALE ANGST vor Beurteilung, Blamage und Versagen in Prüfungssituationen; sie muss jedoch für jene, die erheblich darunter leiden, kein Schicksal sein. Ganz gleich, aus welchem Grund Sie davon betroffen sind, mithilfe eines Zehn-Schritte-Programms können Sie Ihre Prüfungsangst erfolgreich bewältigen lernen.

Diese Hilfestellungen liegen nicht nur in Buchform vor, sondern auch als E-Book und als gleichnamige App zum Herunterladen für Ihr Tablet oder Smartphone. Sie haben dadurch einen Coach zur Hand, der Ihnen zu jeder Zeit mit Rat und Tat zur Seite steht und Sie überallhin begleitet.

Die zehn Schritte bauen aufeinander auf, sodass es sinnvoll ist, das Programm in der vorgeschlagenen Reihenfolge durchzuarbeiten. Sie können sich jedoch bei Bedarf zuerst auch auf jene Schritte konzentrieren, die Ihnen im Moment am wichtigsten sind:

Schritt 1:	Ursachen klären – Was sind die Gründe für Ihre Prüfungs-angst?
Schritt 2:	Motivation stärken – Persönliche Ziele fördern
Schritt 3:	Fertigkeiten optimieren – Gute Arbeits- und Lernstrategien helfen Ihnen
Schritt 4:	Aufmerksamkeit verbessern– So konzentrieren Sie sich auf das, was jetzt wichtig ist
Schritt 5:	Erholungsphasen einbauen – Mit Pausen erhalten Sie Ihre Leistungsfähigkeit
Schritt 6:	Denkmuster erkennen – So gehen Sie besser mit negativen Gedanken und Vorstellungen um
Schritt 7:	Selbstgespräche führen – Seien Sie selbst Ihr bester Coach
Schritt 8:	Befindlichkeiten akzeptieren – Gefühle und Gedanken müssen nicht Ihr Handeln bestimmen
Schritt 9:	Den Ernstfall durchspielen – Mentales Training ist die beste Vorbereitung
Schritt 10:	Prüfungen erfolgreich bestehen – Mit diesen Tipps sind Sie gut gerüstet

SCHRITT 1: URSACHEN KLÄREN –
WAS SIND DIE GRÜNDE FÜR IHRE PRÜFUNGSANGST?

VIELLEICHT HABEN SIE BEIM LESEN von Teil 1 schon einige Gründe für Ihre eigene Prüfungsangst entdeckt. Je besser Sie die Ursachen verstehen, desto besser können Sie mit Ihrer Prüfungsangst umgehen lernen.

Schritt 1 kann Ihnen dabei helfen, Art und Ausmaß Ihrer Prüfungsangst möglichst genau zu erfassen und die tieferen Ursachen zu erkennen. Das Wissen um die wichtigsten Störquellen, die ein optimales Lernen verhindern, eröffnet Ihnen neue Möglichkeiten, um Ihre Leistungsfähigkeit zu verbessern.

ERFASSEN SIE DIE FAKTOREN IHRER PRÜFUNGSANGST

Prüfungsangst hat viele Gesichter und zahlreiche mögliche Ursachen

KREUZEN SIE BITTE AN, in welchem Ausmaß die nachstehend angeführten Belastungen in der Zeit der Prüfungsvorbereitung sowie unmittelbar vor oder während der Prüfung auf Sie zutreffen. Falls eine Aussage für Sie nicht relevant ist, übergehen Sie diese ohne Markierung.

Prüfungsangst wird zu einem erheblichen Problem, wenn viele der im Folgenden angeführten Belastungen »oft« beziehungsweise »sehr oft« auftreten.

	nie/selten	manchmal	oft/sehr oft
Belastungen während der Prüfungsvorbereitung			
Partnerprobleme			
Beziehungsprobleme mit den Eltern			

	nie/selten	manchmal	oft/sehr oft
Probleme innerhalb der Familie			
Körperliche/Psychische Krankheiten innerhalb der Familie			
Probleme mit Mitschülern/ anderen Studierenden			
Probleme mit bestimmten Prüfern			
Stress in einem Nebenjob			
finanzielle Probleme			
Wohnungsprobleme			
Sonstiges:			

	nie/selten	manchmal	oft/sehr oft
Belastungen durch die Art der Prüfungsangst			
Prüfungsangst schon Wochen vor Prüfungen			
Prüfungsangst vor schriftlichen Prüfungen			
Prüfungsangst vor mündlichen Prüfungen			
Prüfungsangst während der schriftlichen Prüfung			
Prüfungsangst während der mündlichen Prüfung			
Prüfungsangst mit Panik- attacken beim Lernen			
Prüfungsangst mit Panik- attacken vor/während der Prüfung			
Prüfungsangst vor Referaten			

	nie/selten	manchmal	oft/sehr oft
Angst vor größeren schriftlichen Arbeiten			
Angst vor schlechten Noten			
Angst vor schlimmen Folgen bei schlechten Noten			
Sonstiges:			

	nie/selten	manchmal	oft/sehr oft
Belastungen durch bestimmte Denkmuster			
Anspruch, keinen Fehler zu machen			
Anspruch, immer zu den Besten zu gehören			
Bewertung schlechter Noten als Ausdruck der Unfähigkeit			
Gedanken, den Stoff nicht ausreichend zu beherrschen			
Gedanken an Misserfolg und Versagen bei Prüfungen			
Gedanken, nicht gut genug zu sein			
Gedanken, unfähig zu sein und nichts zu schaffen			
Gedanken, den Anforderungen nicht gewachsen zu sein			
Gedanken an die Folgen bei schlechten Noten			
Gedanken an Blamage bei der Prüfung			
Gedankenkreisen um Misserfolg und Scheitern			

innere Katastrophenfilme			
Gedanken an frühere Misserfolge			
Gedanken, die Ausbildung nicht zu schaffen			
Selbstkritik und Selbstvorwürfe			
Gedanken an Kritik vonseiten der Eltern bei Versagen			
Gedanken, andere bei schlechten Noten zu enttäuschen			
Zweifel am Sinn der gegenwärtigen Ausbildung			
Sonstiges:			

	nie/selten	manchmal	oft/sehr oft
Belastungen durch bestimmte Gefühle			
erhöhte Ängstlichkeit			
Stimmungsschwankungen			
Traurigkeit und Niedergeschlagenheit			
Lustlosigkeit			
Mutlosigkeit			
Antriebslosigkeit			
Ohnmacht und Hilflosigkeit			
Verzweiflung und Hoffnungslosigkeit			
Weinkrämpfe			
Enttäuschtsein von sich selbst			
Enttäuschtsein von anderen			
Schamgefühle			

	nie/selten	manchmal	oft/sehr oft
Schuldgefühle			
Ärger, Wut			
Gereiztheit			
Minderwertigkeitsgefühle			
Sonstiges:			

	nie/selten	manchmal	oft/sehr oft
Belastungen durch bestimmte Körpersymptome			
Panikattacken oder panikähnliche Zustände			
Nervosität mit körperlicher Anspannung			
verkrampfte Körperhaltung			
Herzrasen oder störendes Herzklopfen			
Blutdruckschwankungen			
Hitzewallungen oder Schweißausbrücke			
erhöhte Körpertemperatur			
Kältegefühle (kalte Hände, kalte Füße, kalte Haut)			
Atembeschwerden, Beklemmungsgefühl (Enge in der Brust)			
beschleunigte Atmung (Hyperventilation)			
Mundtrockenheit			
Kloßgefühl im Hals, Schluckbeschwerden			
flaues Gefühl im Magen			
Übelkeit			

Brechreiz oder Angst zu erbrechen			
Erbrechen			
Durchfall			
Verstopfung			
Harndrang			
Schwindelgefühle			
Ohrensausen			
Sehstörungen (Verschwommensehen)			
Zittern in Händen oder Beinen			
unruhige Finger			
Nägelkauen			
Hautkratzen aus Nervosität			
Schmerzen oder Druckgefühl im Brustbereich			
Bauchschmerzen			
Schulter-Nacken-Verspannung			
Nackenschmerzen			
Kopfschmerzen			
Rückenschmerzen			
Schmerzen oder Missempfindungen in Armen und Beinen			
Verspannungen im Gesicht			
Kieferverspannung			
»weiche Knie«			
Ruhelosigkeit und Unfähigkeit, sich zu entspannen			
Erröten			
blasse Haut			
Appetitlosigkeit			
Heißhungerattacken			

	nie/selten	manchmal	oft/sehr oft
Einschlafstörung			
Durchschlafstörung			
rasche körperliche Ermüdbarkeit			
körperliche Schwächegefühle			
Veränderungen der Stimme (höher, piepsig, leiser)			
Sonstiges:			

	nie/selten	manchmal	oft/sehr oft
Belastungen durch bestimmte geistige Probleme			
Konzentrationsstörungen beim Lernen			
Merkfähigkeitsstörungen beim Lernen			
Denk- und Lernblockaden			
Konzentrationsstörungen während der Prüfung			
Merkfähigkeitsstörungen während der Prüfung			
Abrufblockade bei der Prüfung (Blackout)			
Leeregefühl im Kopf			
rasche geistige Ermüdbarkeit			
geistige Unruhe			
Gedankenrasen			
Gefühl, neben sich zu stehen			
veränderte Umweltwahrnehmung			

Grübeln			
Albträume in der Nacht			
schlechtes Gewissen bei Lernpausen			
Sonstiges:			

	nie/selten	manchmal	oft/sehr oft
Belastungen durch bestimmte Verhaltensweisen			
Hinausschieben der Lernzeiten			
Nichteinhalten fixierter Lernzeiten			
Einsatz unzureichender Lernstrategien			
Verschieben von Prüfungen aus Versagensangst			
Absagen von Prüfungen aus Versagensangst			
Ablenkung vom Lernen durch verschiedene Aktivitäten			
Einschränkungen der sozialen Aktivitäten (Rückzug)			
Vernachlässigung der privaten Aktivitäten			
Verzicht auf Ausgleich und Erholung zwischen Lernzeiten			
hektisches Handeln			
Sonstiges:			

	nie/selten	manchmal	oft/sehr oft
Belastungen durch psychische Probleme			
Angststörung			
Depression			
Zwangsstörung			
behandlungsbedürftige Schlafstörung			
Essstörung			
Alkoholmissbrauch			
übermäßiger Gebrauch von Medikamenten			
Konsum illegaler Drogen			
Sonstiges:			

GEWINNEN SIE EIN TIEFERES VERSTÄNDNIS IHRER PRÜFUNGSANGST

Erkennen ermöglicht Verstehen.
Verstehen erleichtert Akzeptieren.
Akzeptieren mobilisiert Kraft zur Bewältigung.

DIE ANTWORTEN AUF FOLGENDE FRAGEN können Ihnen helfen, Ihre Prüfungsangst noch besser zu verstehen und anschließend auch leichter zu bewältigen. Notieren Sie Ihre Antworten.

▶ Seit wann leiden Sie unter Prüfungsangst? Wie hat diese begonnen?
▶ Inwieweit hat Ihre Prüfungsangst mit negativen Prüfungserfahrungen zu tun?
▶ Was sind aus Ihrer Sicht die wichtigsten Ursachen Ihrer Prüfungsangst?

- Hängt Ihre Prüfungsangst mit einem allgemein geringen Selbstwertgefühl zusammen?
- Wird Ihre Prüfungsangst durch großen Ehrgeiz und hohe Ansprüche verstärkt?
- Inwieweit hat Ihre Prüfungsangst mit fachlichen Schwächen zu tun?
- Was schwächt Ihre Lernmotivation bezüglich der bevorstehenden Prüfung?
- Wie groß ist Ihre Motivation, was den Abschluss Ihrer derzeitigen Ausbildung betrifft?
- Wie sehr wird Ihre Prüfungsangst durch ungenügende Lernplanung und unzureichende Lernstrategien begünstigt?
- Achten Sie im Falle von intensivem Lernen auch auf die nötige Entspannung, Erholung, Nachtruhe, Ernährung und körperliche Betätigung?
- Haben Sie Zweifel oder Motivationsprobleme in Bezug auf Ihre gegenwärtige Ausbildung?
- Inwieweit hängt Ihre Prüfungsangst mit bestimmten Personen zusammen, wie etwa Lehrern, Eltern, Freunden oder Kollegen?
- Ist Ihre Prüfungsangst stärker in der Zeit der Prüfungsvorbereitung oder während der Prüfung? Womit hängt dies zusammen?
- Welche Prüfungen machen Ihnen mehr Angst: mündliche oder schriftliche? Warum?
- Wie umfangreich ist Ihre Prüfungsangst: auf alle Prüfungen bezogen oder nur bezogen auf bestimmte Fächer, Prüfer oder sonstige Umstände?
- Welche Gedanken belasten Sie vor und in Prüfungssituationen am meisten?
- Welche Gefühle belasten Sie vor und in Prüfungssituationen am meisten?
- Welche körperlichen Symptome belasten Sie vor und in Prüfungssituationen am meisten?

▶ Inwieweit ist Ihre geistige Leistungsfähigkeit vor und während der Prüfung beeinträchtigt?

▶ Welches auffällige Verhalten zeigen Sie während der Prüfung?

▶ Welche Folgen eines möglichen Prüfungsversagens fürchten Sie am meisten?

▶ Was sind die bislang schlimmsten Folgen Ihrer Prüfungsangst?

▶ Welche Vermeidungsstrategien beim Lernen haben Sie sich angewöhnt?

▶ Sind Ihre bisherigen Arbeits- und Lernstrategien verbesserungsbedürftig?

▶ Können Sie sich angesichts von Prüfungsangst und Leistungsproblemen auf die Unterstützung Ihres sozialen Umfelds verlassen?

▶ Mit welchen Begründungen haben Sie schon Prüfungen verschoben oder abgesagt?

▶ Leiden Sie unter Leistungs-, Bewertungs- und Versagensängsten auch außerhalb von schulischen oder akademischen Prüfungssituationen? Auf welche Aufgabenstellungen trifft dies ganz konkret zu?

▶ Was hat Ihnen bei der Bewältigung Ihrer Prüfungsangst bisher am besten geholfen, was überhaupt nicht?

▶ Leiden Sie neben Prüfungsangst auch noch unter anderen psychischen Problemen, zum Beispiel Angststörung, Depression, Zwangsstörung oder Essstörung, die Ihre Prüfungsangst möglicherweise verstärken? Sind oder waren Sie schon in diesbezüglicher Behandlung?

▶ Trinken Sie zu viel Alkohol oder konsumieren Sie illegale Drogen? Warum?

FÜHREN SIE EIN PRÜFUNGSANGST-PROTOKOLL

Die regelmäßige Dokumentation der Prüfungsangst bei schriftlichen und mündlichen Prüfungen mithilfe eines Protokolls stellt die ideale Grundlage für eine erfolgreiche Behandlung dar.

HALTEN SIE IM PRÜFUNGSANGST-PROTOKOLL folgende Dinge fest: Prüfungstag, Art der Prüfung, Gedanken und Gefühle, Körpersymptome und sichtbares Verhalten in der Prüfungssituation.

Analysieren Sie anhand Ihrer Aufzeichnungen, welche Aspekte bei Ihnen je nach Prüfung wie häufig auftreten. Bei welchen Prüfungen und Fächern sind Ihre Beschwerden am stärksten, bei welchen am geringsten?

PRÜFUNGSANGST-PROTOKOLL

Tag	Art der Prüfung	Gedanken/ Gefühle	Körper- symptome	Sichtbares Verhalten

BEISPIEL EINES PRÜFUNGSANGST-PROTOKOLLS

Tag	Art der Prüfung	Gedanken/ Gefühle	Körper- symptome	Sichtbares Verhalten
24.6.2016	schriftliche Mathematik-Prüfung	Ich bin zu blöd dafür. Das schaffe ich nicht. Ich fühle mich hilflos und deprimiert.	Übelkeit, trockener Mund, Harndrang, Herzrasen, Engegefühl in der Brust, Atemnot, kalte Hände	unruhiges Sitzen, nervöse Finger, Wippen mit den Beinen, hörbares Seufzen

FÜHREN SIE EIN PRÜFUNGSANGST-TAGEBUCH

Es hat sich als ausgesprochen heilsam erwiesen, die eigenen Gefühle und Befindlichkeiten in Bezug auf Prüfungen möglichst treffend in einem Tagebuch aufzuschreiben.

FÜHREN SIE EIN PRÜFUNGSANGST-TAGEBUCH, in dem Sie alle prüfungsrelevanten Umstände in Ihrer Umwelt und Ihrem Innenleben notieren. Worte sind eine Form, Gefühle und die damit verbundenen körperlichen Zustände besser »in den Griff« zu bekommen. Notieren Sie nicht nur negative und belastende Aspekte, sondern auch alle positiven Ereignisse, die aufbauend wirken.

Kämpfen Sie nicht gegen Ihre Erregung und Versagensangst an, sondern halten Sie Ihre Ängste und Sorgen kurz vor der Prüfung in Ihrem Tagebuch oder durch die Memo-App Ihres Handys fest. Oder sprechen Sie innerlich mit sich selbst darüber oder mit einer Person Ihres Vertrauens. Sie können Ihre Befindlichkeit auch als Sprachnotiz mit dem Handy festhalten und so ausführlich darstellen, als würden Sie diese einem Freund, einer Freundin oder einem Psychotherapeuten beschreiben. Sie werden sehen, dass Sie sich dadurch nicht weiter in die Angst hineinsteigern. Es wirkt entspannend, die momentanen Befürchtungen auszusprechen oder niederzuschreiben.

Halten Sie in der Phase der Prüfungsvorbereitung immer wieder mit treffenden Worten fest, was Sie in Bezug auf die schulische, akademische oder berufliche Ausbildung, aber auch in Bezug auf Ihre private Lebenssituation ängstigt, ärgert, überfordert, wütend, hilflos oder traurig macht. Auf diese Weise lernen Sie jene Stressfaktoren besser kennen, die Ihre geistige Leistungsfähigkeit beeinträchtigen.

Achten Sie bei Ihrer Analyse auch darauf, welche Stressfaktoren Sie im Moment tatsächlich ändern können und mit welchen Sie leben lernen müssen, um nicht ständig Ihre Energiereserven in einem fruchtlosen Kampf zu verbrauchen. In Bezug auf die Prüfungssituation vergeuden Sie nur unnötig viel Energie, wenn Sie sich über unveränderliche Umstände wie etwa die Schul- oder Studienordnung oder die Art der Prüfung oder des Prüfers aufregen, statt sich auf das zu konzentrieren, was Sie bei gegebener Situation ganz konkret tun können.

LERNEN SIE AUS IHREN NEGATIVEN ERFAHRUNGEN IN PRÜFUNGSSITUATIONEN

Spitzensportler und andere erfolgreiche Menschen lernen sehr viel aus der kritischen Analyse ihrer Schwächen und Niederlagen.

EHRGEIZIGE MENSCHEN FRAGEN SICH nicht nur, was sie falsch gemacht haben, sondern vor allem auch, wie sie es zukünftig besser machen können. Die Vergangenheit lässt sich nicht mehr ändern, man kann aber aus den begangenen Fehlern und schmerzvollen Niederlagen Lehren für die Zukunft ziehen.

Erfolgreiche Menschen erkennt man nicht nur an ihren Erfolgen, sondern auch an ihrer Fähigkeit, mit Misserfolgen umzugehen. Wenn Selbstwertgefühl und Zuversicht gleich bei der kleinsten Niederlage zusammenbrechen, kann eine einzige schlechte Note die ganze Motivation für die weitere Ausbildung gefährden.

Analysieren Sie selbstkritisch Ihre Schwächen, Fehler und Misserfolge in Prüfungssituationen. Was hat dazu beigetragen, dass es bei bestimmten Prüfungen in der Vergangenheit nicht so gelaufen ist, wie Sie es sich vorgestellt haben?

Akzeptieren Sie den Umstand, dass Ihnen bestimmte Aufgaben einfach nicht liegen, diese aber dennoch erledigt werden müssen.

Schieben Sie die Bearbeitung schwieriger Sachverhalte nicht hinaus, sondern arbeiten Sie gerade auch an Ihren Schwächen, vielleicht auch mithilfe eines Nachhilfelehrers oder einer Arbeitsgruppe, anstatt sich über Ihre Schwachstellen hinwegzuschwindeln, immer nur das zu lernen, was Sie bereits gut können, oder vorzeitig zu resignieren. Was sind Ihre Fehler und Probleme in der Phase der Prüfungsvorbereitung?

Unternehmen Sie alles, was in Ihrer Macht steht, um die bestmöglichen Voraussetzungen für erfolgreiches Lernen zu schaffen. Je mehr Sie Ihre Grundanspannung absenken und je besser Sie die damit zusammenhängenden Probleme lösen können, desto leichter wird Ihnen die Konzentration auf das Lernen gelingen.

SCHRITT 2:
MOTIVATION STÄRKEN – PERSÖNLICHE ZIELE FÖRDERN

STEHT IHRE PRÜFUNGSANGST IN ENGEM ZUSAMMENHANG mit mangelnder Motivation zum Lernen? Und entstehen dadurch tatsächlich Wissensdefizite, die erst recht wieder Ihre Prüfungsangst verstärken?

Schritt 2 kann Ihnen helfen, Ihre Leistungsmotivation zu verbessern, indem Sie ganz konkrete Ziele entwickeln, für die es sich zu lernen und zu studieren lohnt.

SETZEN SIE AUF ZUG-MOTIVATION STATT AUF DRUCK-MOTIVATION

Für eine Prüfung lernen kann man aufgrund einer inneren Motivation oder aufgrund eines äußeren Drucks. Das eine nennt man Zug-Motivation, das andere Druck-Motivation.

VOR EINER PRÜFUNG sollten Sie sich folgende zentrale Frage stellen: »Lerne ich für eine Prüfung, weil mich der Stoff interessiert oder weil ich die Prüfung einfach machen muss?«

Jedes der beiden Motive reicht aus, um die Prüfung gut zu schaffen. So ist das Leben: Manche Dinge tun wir, weil wir Freude daran haben, andere, weil wir sie erledigen müssen.

Zug-Motivation

Bei einer Zug-Motivation handeln Sie aufgrund attraktiver Ziele, wie etwa:»Ich lerne diesen Prüfungsstoff gerne, weil er mich interessiert und weil er für die weitere Ausbildung wichtig ist.« Das Motto lautet:»Wollen statt müssen.«

Das Lernen und die Prüfung fallen Ihnen leichter, wenn Sie eine starke Triebfeder für Ihren Einsatz haben. Motivieren Sie sich durch persönliche Ziele, denn dadurch können Sie maximale Kraft und Energie mobilisieren. Setzen Sie so oft wie möglich auf eine Zug-Motivation. Hohe Motivation und klare Ziele sind der beste Gegenpol zu einer ausufernden Prüfungsangst.

Eine Zug-Motivation erleichtert Ihnen das Lernen und Studieren, weil Sie durch Ihr Interesse am Stoff mehr Freude am Lernen entwickeln. Die Einsicht, dass es sinnvoll und nützlich ist, einen bestimmten Prüfungsstoff zu lernen, hilft Ihnen auch, bei Schwierigkeiten besser durchzuhalten. Sie wahren dadurch Ihre Chancen auf den Prüfungserfolg, auch wenn Sie vielleicht gleichzeitig Angst vor dem Versagen haben.

Verbessern Sie Ihre Zug-Motivation in der Phase der Prüfungsvorbereitung, indem Sie *Selbstanweisungen* entwickeln, die speziell auf Sie zutreffen, wie etwa:

▶ **»Ich will die Prüfung möglichst gut schaffen, daher lerne ich jetzt regelmäßig dafür.«**

▶ **»Ich vertiefe mich in den Lernstoff, weil er interessant ist.«**

▶ **»Der Prüfungsstoff enthält viel von dem, was ich später vielleicht einmal brauchen kann.«**

Druck-Motivation

Bei einer Druck-Motivation werden Sie aktiv, weil Sie einen unangenehmen Druck verspüren. Sie halten sich an das Motto:»Ich muss endlich etwas tun, sonst geht die Sache schlimm aus.« Wenn Sie lernen, um bei der Prüfung nicht durchzufallen, beruht Ihr Einsatz auf einer Druck-Motivation.

Bei einer Druck-Motivation geht es Ihnen darum, schlimme Folgen zu verhindern, ohne besonderes Interesse an dem Prüfungsfach. Unter Umständen lernen Sie dann auch nur so wenig wie möglich, und das erst knapp vor der Prüfung, sodass Sie den Stoff bald danach wieder vergessen. Eine Druck-Motivation kann

Sie zwar zum Lernen antreiben, führt jedoch nicht zu Freude und Interesse am Lernen.

Typische Sätze für eine Druck-Motivation sind: »Ich muss diese Prüfung endlich hinter mich bringen«; »Ich muss bald etwas lernen, sonst bekomme ich eine schlechte Note oder gar Probleme in der Ausbildung.«

Was sind Ihre typischen Selbstgespräche, die eine Druck-Motivation widerspiegeln? Welche davon können manchmal hilfreich sein, welche stellen sich dagegen als schädlich heraus?

PROFITIEREN SIE VON DER INTRINSISCHEN UND DER EXTRINSISCHEN LEISTUNGSMOTIVATION

Für eine Prüfung lernen kann man, weil einen das Thema interessiert oder weil man die positiven Folgen beschleunigen beziehungsweise die negativen vermindern will.
Das eine nennt man intrinsische, das andere extrinsische Leistungsmotivation.

Intrinsische Leistungsmotivation

Bei einer intrinsischen oder innengesteuerten Leistungsmotivation lassen Sie sich von Ihrem inneren Antrieb anspornen, Ihre Ziele zu erreichen. Sie sind an der Sache selbst interessiert und haben Freude daran. Enttäuschungen und Misserfolge können Sie nicht so leicht von Ihren Zielen abhalten, weil Sie aus sich selbst heraus motiviert sind. Eine *Zug-Motivation* stellt eine intrinsische Leistungsmotivation dar. Die besten Leistungen in der schulischen, akademischen oder beruflichen Ausbildung erbringen Sie, wenn Sie alle Aufgaben wegen der Sache selbst erledigen – nicht wegen der Anerkennung oder Belohnung, die Sie von anderen Menschen erwarten, und auch nicht wegen sonstiger äußerer Vorteile. Sie können Spitzenleistungen erzielen, weil Sie Spaß und Freude am

Lernen und Studieren haben – eben weil Sie von innen her, intrinsisch, motiviert sind.

Extrinsische Leistungsmotivation

Bei einer extrinsischen oder außengesteuerten Leistungsmotivation lassen Sie sich von äußeren Anreizen zum Lernen und Studieren anregen. Das können gute Noten sein, ein rascheres Ende des Studiums, Lob vonseiten Ihrer Lehrer, Anerkennung durch Ihre Professoren oder Belohnung von Ihren Eltern. Wenn Sie sich jedoch nur von äußeren Umständen anspornen lassen, etwas zu lernen, sind Ihre Bemühungen vielleicht nicht anhaltend genug. Bei Problemen werden Sie möglicherweise rasch resignieren, wenn es Ihnen an der sehr hilfreichen intrinsischen Leistungsmotivation fehlt.

Als extrinsische Leistungsmotivation gilt auch das Bestreben, durch Lernen die negativen Folgen einer nicht bestandenen Prüfung zu verhindern. Die *Druck-Motivation* ist eine extrinsische Leistungsmotivation, weil Sie bestimmte äußere Umstände, wie etwa Kritik und Studienverzögerungen, vermeiden möchten.

Wenn die intrinsische Leistungsmotivation nicht möglich ist oder nicht ausreicht, kann die extrinsische Leistungsmotivation durchaus hilfreich sein, um eine Prüfung oder sogar die ganze Ausbildung erfolgreich zu bewältigen.

Akzeptieren Sie, wenn Sie zu Lernbeginn nur eine extrinsische Leistungsmotivation haben. Angesichts einer bevorstehenden Prüfung geht es zunächst einmal darum, die Entscheidung zum Lernen zu treffen. Achten Sie jedoch darauf, dass Sie im Laufe der Zeit so weit wie möglich auch eine intrinsische Leistungsmotivation entwickeln. Durch die intensive Auseinandersetzung mit dem Prüfungsstoff kommen vielleicht doch Freude und Interesse an der Thematik auf, was das Lernen wesentlich erleichtert.

LASSEN SIE SICH DURCH DIE HOFFNUNG AUF ERFOLG LEITEN STATT DURCH DIE VERMEIDUNG VON MISSERFOLG

Für eine Prüfung lernen kann man in der Hoffnung auf Erfolg oder in der Furcht vor Misserfolg. Das sind die zwei möglichen Grundhaltungen angesichts von Leistungssituationen, nicht nur vor Prüfungen, sondern auch im Beruf oder in der Freizeit, wie etwa vor einem Wettbewerb oder Wettkampf.

ANGESICHTS VON PRÜFUNGEN haben Sie – wenn Sie Flucht und Vermeidung ausschließen – tatsächlich nur zwei Möglichkeiten: den Erfolg anstreben oder zumindest den Misserfolg abwenden. Entscheiden Sie sich für die erste Möglichkeit: Hoffen Sie auf Erfolg und unternehmen Sie alles nur Mögliche, um diesen zu erreichen, statt den Misserfolg zu fürchten und alles zu tun, um diesen zu verhindern.

Man kann Schüler und Studenten in Bezug auf Prüfungssituationen in zwei Gruppen einteilen: Auf der einen Seite stehen die *Erfolgsmotivierten*, auf der anderen Seite die *Misserfolgsorientierten*, die häufig nichts anderes als *Misserfolgsvermeider* sind, denn die Betroffenen möchten Misserfolg unbedingt verhindern, obwohl sie ihn fast unausweichlich fürchten.

Zweifel, Unsicherheit, Enttäuschungen und Misserfolge sind ganz normale Hürden und Stolpersteine auf dem Weg zum Erfolg. Menschen mit Prüfungsangst schätzen jedoch die Gefahr des Misserfolgs deutlich höher ein als die Wahrscheinlichkeit des Erfolgs. Sie befinden sich in einem Konflikt zwischen der Annäherung an den Erfolg und der Vermeidung des Misserfolgs – ähnlich wie Menschen mit sozialen Ängsten sich in einem Dilemma befinden zwischen dem Bedürfnis nach Beachtung und Anerkennung und der Furcht vor Blamage, Kritik und Ablehnung.

Wenn Sie mit dem Erfolg rechnen, erhöht das Ihre Anstrengungsbereitschaft und Ihre Toleranz für vorübergehende Fehler und Misserfolge. Wenn Sie dagegen nur wenig Chancen auf Erfolg bei der Prüfung sehen, verringert dies Ihre Motivation, sich bestmöglich darauf vorzubereiten.

Unternehmen Sie alles nur Mögliche, um durch intensive Lernbemühungen Ihre Erfolgswahrscheinlichkeit zu erhöhen. Konzentrieren Sie sich auf Ihr Erfolgsziel anstatt auf die Minimierung eines gewissen Restrisikos, bei der Prüfung zu versagen. Dieses Restrisiko, zu scheitern, können Sie selbst mit der größten Perfektion weder bei Prüfungen noch bei anderen Aufgaben im Leben ganz ausschließen.

Bedenken Sie: Das Unbewusste kennt keine Verneinung. Bei Versagensängsten entstehen in Ihrem Kopf ganz konkrete Bilder des Scheiterns, die Ihr Verhalten und Befinden im Allgemeinen und Ihre Leistungsmotivation im Besonderen negativ beeinflussen. Wie wichtig bildhafte Vorstellungen für das Gelingen sind, ist aus dem Spitzensport bekannt.

Formulieren Sie Ihre Ziele positiv – das Gute soll mehr werden und nicht einfach das Schlechte nur weniger.

Annäherungs- oder Anstrebungsziele, bei denen Sie etwas erreichen möchten, sind immer positiv formuliert und gewinnen dadurch ihre Anziehungskraft. *Vermeidungsziele*, wie etwa bei der Prüfung nicht zu versagen, werden Sie auf Dauer nicht ausreichend motivieren. Angst kann Sie zwingen, etwas zu tun. Aber nur zugkräftige Ziele werden Sie zu bestmöglichen Leistungen anspornen.

Stehen Sie dazu: Sie möchten eine Prüfung möglichst gut schaffen oder zumindest so, dass Sie bei minimalem Aufwand immerhin durchkommen.

MOTIVIEREN SIE SICH DURCH REALISTISCHE UND ERREICHBARE ZIELE

Langfristig stärken hohe Ziele die Leistungsmotivation, kurz- und mittelfristig sind jedoch überprüfbare und erreichbare Teilziele wichtig, um rasch Erfolge zu erzielen.

BEGINNEN SIE DAS LERNEN mit einem ganz konkret formulierten *Nahziel*, das Sie in kurzer Zeit erreichen können, wie etwa:»Ich werde eine Dreiviertelstunde lang ein ganz bestimmtes Kapitel eines ganz bestimmten Buches durcharbeiten.« Sie müssen dabei nicht alles verstehen und schon gar nicht behalten. Es reicht, dass Sie die Entscheidung treffen, sich mit dem Prüfungsstoff in ganz konkreter Weise auseinanderzusetzen.

Nähern Sie sich dem Erfolg Schritt für Schritt. Durch erreichbare Zwischenziele bauen Sie Ihr Selbstvertrauen auf und können Erfolge erwarten, anstatt durch unrealistische, im Moment überhöhte Ziele zu scheitern und an unerreichbaren Lebensträumen zu verzweifeln.

Je realistischer, klarer und konkreter Sie Ihre Ziele in der Phase der Prüfungsvorbereitung formulieren und visualisieren können, desto motivierter und energiegeladener werden Sie an das Lernen und Studieren herangehen. Möchten Sie in der Ausbildung zukünftig bessere Leistungen erzielen? Dann seien Sie mit dem Möglichen zufrieden, statt sich am derzeit Unmöglichen zu übernehmen.

Angesichts von schlechten Noten ist es kein sinnvolles Ziel, ein guter Schüler oder eine hervorragende Studentin zu sein. Es reicht fürs Erste, so viel zu lernen, dass Sie die nächsten Prüfungen bestehen – selbst wenn Sie dazu Nachhilfe oder Unterstützung durch Studienkollegen benötigen.

Finden Sie Ziele, die zu Ihnen passen und im Rahmen Ihrer Möglichkeiten realisierbar sind. Setzen Sie Ihre Ziele für die mündliche oder schriftliche Prüfung dann mithilfe eines detaillierten Stufenplans um.

Machen Sie sich dabei aber auch bewusst: Ihr Hauptziel ist nicht, diese eine Prüfung zu schaffen, sondern darüber hinaus im Leben etwas ganz Bestimmtes zu erreichen. Prüfungen sind nur Zwischenziele auf dem Weg zum Erfolg im Leben. Was ist in beruflicher Hinsicht der größte Traum Ihres Lebens? Entwickeln Sie *Visionen* vom erfolgreichen Leben und arbeiten Sie entschlossen an der Umsetzung Ihrer Träume. Das wird Ihnen helfen, in der schulischen, akademischen oder beruflichen Ausbildung trotz Schwierigkeiten erfolgreich zu sein. Lassen Sie in Ihrer Fantasie einen Erfolgsfilm ablaufen nach dem Motto:»Was werde ich zehn Jahre nach meinem Ausbildungsabschluss sein und tun?«

Kehren Sie dann mit dieser Perspektive im Kopf wieder zu Ihrer momentanen Ausbildungssituation zurück und betrachten Sie das tägliche Lernen für die nächste Prüfung als kleinen Schritt auf dem Weg zu diesem großen Ziel.

VERBINDEN SIE DAS LERNEN MIT EMOTIONAL POSITIVEN ERFAHRUNGEN

Das Lernen fällt uns leichter, wenn wir es mit positiven Erfahrungen in der Vergangenheit und in der Gegenwart verbinden können.

VERGEGENWÄRTIGEN SIE SICH IHRE STÄRKEN UND FÄHIGKEITEN. Halten Sie sich vor Augen, was Ihnen früher und auch in dieser Lernphase schon gelungen ist. Jedes Erfolgserlebnis stärkt die Hoffnung auf weiteren Erfolg.

Wenn Sie sich an Ihre bisherigen Erfolgserlebnisse erinnern, werden Gefühle aus der Vergangenheit wieder hochkommen, die Sie auch jetzt motivieren können. Welche Gefühle von Kompetenz,

Selbstbewusstsein und Stolz auf erreichte Leistungen sind in Ihnen gespeichert? Was haben Sie trotz Schwierigkeiten in der Ausbildung bereits geschafft? Auf welcher Grundlage an Wissen und Fähigkeiten können Sie aufbauen?

Nutzen Sie bei dieser Übung Ihre Sinne: Sehen, Hören und Fühlen. Lassen Sie die »Erfolgsfilme« im Zeitlupentempo vor Ihrem geistigen Auge ablaufen, so wie Sie es sonst mit Ihren Horrorszenarien tun. Schauen Sie sich Ihren Erfolgsfilm zunächst von außen an, wie einen Film im Fernsehen oder Kino. Versetzen Sie sich dann in den Film hinein, so als würde er gerade gedreht, und vergegenwärtigen Sie sich möglichst lebendig ein früheres Erfolgserlebnis, das Sie auch für die bevorstehende Prüfung aufbauen könnte. Spüren Sie sich immer wieder möglichst intensiv in solche Erfolgserlebnisse hinein.

Wenn Sie gerne schreiben, verfassen Sie eine Geschichte zum Thema: »Was mich damals erfolgreich gemacht hat« oder: »Wie ich einmal etwas geschafft habe, mit dem ich nie gerechnet hatte.« Sie können eine frühere Erfolgsstory aber auch auf der Memofunktion Ihres Handys aufnehmen und immer wieder anhören, wenn Sie verzagt sind.

Bei großem Stress und starker Prüfungsangst können wir auf unsere positiven Prüfungserfahrungen nicht oder nicht schnell genug zugreifen. In dieser Situation erinnern wir uns nur noch an die negativen schulischen oder akademischen Erfahrungen. Wir beurteilen unsere Vergangenheit unterschiedlich, je nachdem, wie wir uns gerade fühlen. Nach Versagenserlebnissen fallen uns eher unsere früheren Misserfolge ein als unsere Erfolgserlebnisse.

Es ist ganz normal, dass unser Denken von unserer momentanen emotionalen Befindlichkeit abhängt. Und Gefühle sind nun einmal »ir-rational«, also unvernünftig; sie lassen sich nicht mit logischem Denken widerlegen. Halten Sie sich immer wieder vor Augen: Nur weil Sie sich schlecht fühlen, müssen Sie bei Prüfungen noch lange nicht schlecht abschneiden.

Verbinden Sie das Lernen des konkreten Prüfungsstoffs so weit wie möglich mit positiven Emotionen. Wenn wir emotional positiv beteiligt sind, speichern wir Lerninhalte besser ab. Es gibt nämlich neben dem semantischen Gedächtnis, in dem die Wissensinhalte gespeichert werden, auch noch ein *emotionales Gedächtnis*. An emotional besetzte Erlebnisse erinnern wir uns deshalb besser als an emotional neutrale.

Verbessern Sie also Ihre Stimmung, dann lernen Sie leichter und ergiebiger. Es ist erwiesen: Gut gelaunt sind wir lern- und leistungsfähiger. Bei Angst und Stress finden wir schwerer kreative Lösungen, bei guter Stimmung nimmt unser Gehirn den Prüfungsstoff besser auf und verarbeitet ihn auch tiefgehender. Als Folge davon können wir unser Wissen später leichter abrufen oder kreativere Ideen entwickeln. Je mehr wir durch Lerndruck und Zeitstress in eine negative Stimmung geraten, umso schwerer fällt uns das Lernen.

SCHRITT 3: FERTIGKEITEN OPTIMIEREN – GUTE ARBEITS- UND LERNSTRATEGIEN HELFEN IHNEN

SIE WOLLEN IHRE AUSBILDUNG möglichst gut abschließen, aber Ihnen fehlen die richtigen Arbeits-, Lern- und Gedächtnisstrategien, sodass Sie hinter Ihren Zielen und Möglichkeiten zurückbleiben? Hängt Ihre Prüfungsangst auch mit falschen Lernmethoden zusammen?

Schritt 3 kann dann für Sie von großem Nutzen sein, denn hier geht es um Hilfestellungen, wie Sie Ihre Leistung verbessern und dadurch Ihre Prüfungsangst verringern können.

VERMEIDEN SIE PRÜFUNGSSTRESS AUFGRUND UNZUREICHENDER ARBEITSORGANISATION

Prüfungsangst ist die Reaktion auf den Stressor Prüfung. Prüfungen sind jedoch nur dann extrem belastend, wenn die vorhandenen Fähigkeiten und Bewältigungsstrategien als ungenügend eingeschätzt werden.

STRESS – SO AUCH PRÜFUNGSSTRESS – wird erst dann zum Problem, wenn wir glauben, nicht genug zu können und deshalb einer unkontrollierten Situation ausgeliefert zu sein. Wird das eigene Wissen und Können als unzureichend erlebt, wirkt das deprimierend und führt nachweislich zu erhöhter Prüfungsangst. Schüler mit Lernschwierigkeiten erleben während ihrer Schullaufbahn zahlreiche Misserfolge und entwickeln dadurch eine allgemeine oder zumindest eine fachspezifische Prüfungsangst.

Ungenügende Leistungen in der schulischen, akademischen oder beruflichen Ausbildung sind oft nicht allein durch Angst oder Lernfaulheit bedingt, sondern auch durch mangelhafte Arbeitstechniken und unzureichende Lernstrategien. Kann das auch auf

Sie zutreffen? Dann erhöhen Sie Ihre Erfolgschancen durch einen konsequenten Lern- und Trainingsplan.

Wenn die Prüfungsangst mit Leistungsdefiziten zusammenhängt, ist eine gute Vorbereitung auf die Prüfung das beste Mittel dagegen. Prüfungsangst wirkt bei hoher Kompetenz durchaus leistungssteigernd, bei geringer fachlicher Kompetenz dagegen leistungshemmend.

Es gibt Schüler und Studenten, die relativ kurzfristig mit dem Lernen beginnen und trotzdem erfolgreich sind, wenngleich dies aus der Sicht von Fachleuten keine optimale Lernstrategie ist. Für prüfungsängstliche oder gar leistungsschwache Schüler und Studierende ist jedoch eine frühzeitige und gründliche Vorbereitung auf die Prüfung besonders wichtig. Optimales Zeitmanagement und effiziente Lern- und Gedächtnisstrategien sind dabei von besonderer Bedeutung.

Halten Sie sich an einen fixen Lernplan, um die Zeit der Prüfungsvorbereitung zu strukturieren. Entscheiden Sie sich auch für einen konkreten Prüfungstermin, wenn Sie wählen können, und treten Sie zu diesem Termin auch an.

Sobald Sie aus Angst vor Versagen an das Verschieben oder Absagen des Prüfungstermins denken, werden Sie aufhören, engagiert zu lernen. Menschen, die Angst haben, bei einer Prüfung durchzufallen, haben oft Schwierigkeiten, sich auf einen konkreten Prüfungstermin festzulegen, weil dies bei ihnen Stress auslöst.

Auch bei grundlegenden Zweifeln an der gegenwärtigen Ausbildung, die Ihre Motivation für das Lernen schwächen, sollten Sie an dem Prüfungstermin festhalten. Verschieben Sie die Entscheidung über das weitere Vorgehen auf die Zeit nach der Prüfung. Vielleicht fühlen Sie sich durch eine erfolgreiche Prüfung ermutigt, die Ausbildung doch fortzusetzen.

Treffen Sie die Entscheidung zum Abbruch der Ausbildung jedenfalls erst dann, wenn Sie eine sinnvolle Alternative dazu gefunden haben. Es hilft Ihnen nicht, nur den aktuellen Ausbildungsdruck loszuwerden, ohne sich Gedanken über eine andere Ausbildung oder eine erfüllende Tätigkeit gemacht zu haben, die mehr Leistungsanreiz bietet als die gegenwärtige Ausbildung.

ENTWICKELN SIE EIN OPTIMALES ZEITMANAGEMENT

Ein kluger Lernplan erhöht die Zuversicht und verhindert, dass die Prüfungsangst sich bis hin zur Panik steigert.

FÜNF TYPISCHE LERNFEHLER kommen in der Zeit der Prüfungsvorbereitung häufig vor:

▶ **»Aufschieberitis«:** Hinausschieben des Lernbeginns und Aufschieben von schriftlichen Arbeiten zugunsten anderer Aktivitäten;

▶ **Lernen bis zur Erschöpfung:** zu lange Lernzeiten ohne Pausen, jeglicher Verzicht auf andere Tätigkeiten, die einen Ausgleich zum Lernen darstellen;

▶ **Planlosigkeit:** fehlender Lernplan ohne konkrete Zielvorgaben pro Lerneinheit, sodass sich auch keine aufbauenden Erfolgserfahrungen einstellen können;

▶ **Multitasking:** Lernen, Musikhören, Fernsehen und Essen nebeneinander, was zu rascher Erschöpfung führt;

▶ **»Bulimisches« Lernen:** den Prüfungsstoff in den letzten zwei bis drei Tagen vor der Prüfung in sich hineinstopfen, bei der Prüfung ausspucken, ohne tiefergehendes »Verdauen« des Prüfungsstoffs, sodass er im Gedächtnis nicht längerfristig abgespeichert wird.

Was davon trifft auf Sie am ehesten zu? Oder kennen Sie mehrere dieser Lernfehler?

Wenn nicht nur mangelhafte Motivation und unzureichende Konzentrationsleistung für Ihre schlechten Leistungen in der Schule oder Universität verantwortlich sind, sollten Sie überprüfen, ob Sie neben Ihrer Prüfungsangst vielleicht auch eine *Arbeitsstörung* haben, wie dieses Verhalten in der Fachwelt genannt wird. In den meisten Fällen hilft es jedoch, wenn Sie Ihr Zeitmanagement verbessern.

Zerlegen Sie den Prüfungsstoff in Teilbereiche und Teilzeile, die Sie über feste Lernzeiten erreichen, um nicht von der Fülle der Informationen erschlagen zu werden. Entwickeln Sie eine realistische lang-, mittel- und kurzfristige Lernzeitplanung mit einem Gesamtzeitplan, einem Wochenplan und einem Tagesplan.

Ein derartiger Lernplan erfordert gleichzeitig auch die Erstellung von konkreten Zielen, die in einer bestimmten Zeit erreicht werden sollen. Erschöpfen Sie Ihre Kräfte jedoch nicht bei der Perfektionierung der Lernzeitplanung, anstatt regelmäßig zu lernen.

Halten Sie kürzere Zeiteinheiten für ungeplante Ereignisse und sinnvolle Aktivitäten frei. Bleiben Sie bei aller Entschlossenheit zum Lernen flexibel für Tagesaktualitäten, soweit diese nicht als Grund dienen, das Lernen zu vermeiden.

Die Erreichung der festgelegten Lernziele innerhalb einer bestimmten Zeiteinheit stärkt Ihre Hoffnung auf Erfolg bei der Prüfung. Wenn Sie merken, dass Sie bei der Prüfungsvorbereitung durch Ihren konsequenten Lerneinsatz den Stoffbereich immer besser beherrschen, stärkt das Ihr Selbstwertgefühl, und Ihre Angst vor dem Prüfungsergebnis nimmt ab.

Tragen Sie Ihre Wochen- und Tagesplanung mit den ganz konkreten Lernzeiten und Lerninhalten in einen Kalender ein und achten Sie auf die Ausgewogenheit der fünf Zeitbereiche:

1. Unterrichtszeiten

Nehmen Sie weiterhin an den Veranstaltungen der schulischen oder akademischen Ausbildung teil. Widerstehen Sie der Versuchung, der Schule oder Universität fernzubleiben, um sich besser auf die Prüfung vorbereiten zu können, weil dann an anderer Stelle Defizite und Probleme entstehen können. Auf diese Weise zwingen Sie sich auch dazu, früher mit dem Lernen zu beginnen und nicht alles auf die letzten Tage vor der Prüfung zu schieben, in denen Sie dann alle anderen Verpflichtungen vernachlässigen.

2. Lernzeiten

Halten Sie sich so weit wie möglich an feste Lernzeiten. Begründete Ausnahmen darf es durchaus geben, doch werden diese nur dann als solche erkannt, wenn bestimmte Regeln bestehen. Ohne einen derart strukturierten Lernplan neigen Sie leicht zum Hinausschieben des Lernens zugunsten anderer Tätigkeiten. Achten Sie auch darauf, zu welcher Zeit Sie schwierige Sachverhalte am besten lernen können. Morgenmenschen (»Lerchen«) und Abend- beziehungsweise Nachtmenschen (»Eulen«) haben zu unterschiedlichen Zeitpunkten ihr Leistungshoch.

3. Pausenzeiten

Lernen Sie nicht stundenlang ohne Pause, weil Ihre Konzentration dabei nachlässt, auch wenn Sie dies subjektiv gar nicht so erleben. Während Sie eine Pause machen, arbeitet Ihr Gehirn unbewusst weiter, indem es das Gelernte festigt, zunächst Unverstandenes nachträglich verstehen lernt und darüber hinaus neue Ideen entwickelt. Betrachten Sie Pausen von 10 bis 15 Minuten nach einer Lernzeit von 45 bis 90 Minuten nicht als vergeudete

Zeit, sondern als Chance, das Beste aus sich herauszuholen. Verlassen Sie in der Pause Ihren Arbeitsplatz und belasten Sie in dieser Zeit Ihr Gehirn nicht mit weiterer Kopfarbeit, weil es sich dann nicht wirklich erholt.

4. Freizeit

Reservieren Sie Zeit für Hobbys, soziale, sportliche, kulturelle oder musikalische Aktivitäten, um neben dem Lernstress die Freude am Leben zu bewahren.

5. Alltagszeit

Planen Sie Zeit ein für alltägliche Dinge wie Essen, Einkaufengehen, Wohnungputzen, Zeitunglesen, Fernsehen, Beantwortung von E-Mails oder Nutzung sozialer Dienste wie Facebook. Missbrauchen Sie derartige Aktivitäten, die sich häufig als »Zeitfresser« herausstellen, jedoch nicht als Ausrede, um nicht lernen zu müssen.

PROFITIEREN SIE VON BEKANNTEN ZEITMANAGEMENT- STRATEGIEN

Das Gesetz von Parkinson, die Pomodoro-Technik und das Pareto-Prinzip bieten wichtige Hilfestellungen zur optimalen Lernzeitplanung.

STUDIERENDE, DIE VIELE LERNSTUNDEN AUFWENDEN, schneiden bei Prüfungen oft schlechter ab als jene, die weniger Zeit mit dem Lernen verbringen. Das Ziel ist also, nicht so lange wie möglich, sondern so effektiv wie möglich zu lernen.

Nicht die Zahl der Lernstunden, sondern die Effektivität des Lernens und die maximale Aufmerksamkeitsleistung garantieren den optimalen Prüfungserfolg. Weniger ist mehr! Bei zu langem

Sitzen am Schreibtisch, noch dazu ohne Pausen, schaltet der Kopf zur Erholung zwischendurch einfach ab, obwohl Sie den Eindruck haben, Sie würden fleißig lernen.

Leben Sie in den letzten Tagen und Wochen vor der Prüfung nach dem Motto:»Viel lernen bringt viel«? – Das glauben viele Studierende; sie lernen stundenlang ohne Pause, oft bis tief in die Nacht hinein, und verzichten auf Freizeit und Vergnügen.

Berücksichtigen Sie bei der Festsetzung Ihrer Lernzeiten das Gesetz von Parkinson, einem englischen Soziologen:»*Arbeit dehnt sich in genau dem Maß aus, wie Zeit für ihre Erledigung zur Verfügung steht.*« Anders formuliert: Je mehr Zeit Sie sich für die Erledigung einer Aufgabe geben, desto länger werden Sie dafür brauchen. Begrenzen Sie daher Ihre Lerneinheiten auf eine ganz bestimmte Zeit, dann werden Sie konzentrierter lernen als bei einem offenen Ende des Lernens.

Setzen Sie sich durch *zeitlimitiertes Lernen* unter einen gesunden Druck, eine Sache zu erledigen, wie etwa:»Ich gebe mir für die Wiederholung des Prüfungsstoffs in Mathematik genau eine Dreiviertelstunde Zeit; nach einer Viertelstunde Pause werde ich noch eine halbe Stunde lang für Geschichte lernen.«

Halten Sie sich, soweit es den konstanten Wechsel zwischen konzentriertem Lernen und kurzen Erholungspausen betrifft, an die Pomodoro-Technik des Italieners Francesco Cirillo. Er strukturierte die Arbeitszeit mithilfe einer Eieruhr, die die Form einer Tomate hatte (daher *Pomodoro* genannt). Nach jeweils 25 Minuten intensiver Arbeitszeit folgt eine kurze Pause von fünf Minuten. Nach vier Arbeitseinheiten mit diesen kurzen Pausen folgt eine längere Pause von 30 Minuten.

Profitieren Sie darüber hinaus von der Erkenntnis, die in der Wirtschaft als Pareto-Prinzip oder 80/20-Regel bekannt ist:

80 Prozent aller Aufgaben lassen sich in nur 20 Prozent der zur Verfügung stehenden Zeit erledigen. Für die restlichen 20 Prozent brauchen Sie dagegen 80 Prozent der Zeit – wenn Sie alles ganz genau machen möchten. Die Feinarbeit erfordert eben mehr Anstrengung!

Auf das Lernen übertragen bedeutet dieser Umstand, dass Sie in 20 Prozent des Lehrbuchs 80 Prozent des Wissens finden. Konzentrieren Sie sich beim Lernen und Studieren auf das Wesentliche. Lernen Sie mit Mut zur Lücke die Kunst des Weglassens und reduzieren Sie die Informationen auf das Wesentliche.

NUTZEN SIE DIE FÜNF-SCHRITTE-METHODE: AKTIVES LERNEN
Im Zusammenhang mit Motivationsproblemen, Lernstörungen und Prüfungsangst ist »aktives Lernen« sehr wichtig.

ES GIBT ZAHLREICHE LERN- UND BEHALTENSTECHNIKEN, die Ihre Lern- und Leistungsfähigkeit vor und in Prüfungssituationen deutlich verbessern können. Je mehr Sie davon Gebrauch machen, desto mehr wird Ihre Prüfungsangst auf ein erträgliches Ausmaß zurückgehen. Diese Methoden stehen jedoch nicht im Mittelpunkt dieses Ratgebers und werden in zahlreichen Büchern näher beschrieben. Einige davon sind im Literaturverzeichnis angeführt.

Bei Motivationsproblemen, Lernstörungen und Prüfungsangst ist jedoch der Aspekt des »aktiven Lernens« sehr wichtig. Aktives Lernen fördert Motivation, Konzentration, Leistungs- und Behaltensfähigkeit. Es handelt sich dabei um ein strukturierendes, gut gegliedertes Lernen nach Sinnzusammenhängen.

Schulbücher, Fachbücher, Artikel, Ihre persönlichen Mitschriften und sonstige Unterlagen für eine Prüfung können Sie nicht lesen wie einen Roman, wenn Sie einzelne Informationen behalten wollen. Sie müssen den Stoff für einen schriftlichen Test, eine mündliche Prüfung oder eine größere schriftliche Arbeit in Ihrem Gehirn verarbeiten, um ihn besser speichern zu können.

Die *Fünf-Schritte-Lerntechnik* – nach den zugrunde liegenden englischen Begriffen auch *SQ3R-Methode* genannt – stellt eine geniale, leicht erlernbare Methode für die Erarbeitung und bessere Abspeicherung des Prüfungsstoffs dar:

1. Überblick (Survey)

Verschaffen Sie sich zunächst einmal einen Überblick über alle Unterlagen und einen ersten Eindruck vom Aufbau und Inhalt der Texte. Machen Sie sich zu Lernbeginn mit dem Stoff vertraut und blättern Sie alles nur oberflächlich durch. Achten Sie bei einem Buch anfangs nur auf Autor, Vorwort, Inhaltsverzeichnis, große Überschriften, Bilder, Grafiken, Zusammenfassungen und Schlusswort. Bei einem Schulbuch und Ihren persönlichen Prüfungsunterlagen gehen Sie ähnlich vor, ohne gleich mit dem Lernen anzufangen.

Wenn Ihnen das Lernen sehr schwerfällt, sollten Sie zumindest die Entscheidung treffen, sich eine Viertelstunde lang einen Überblick zu verschaffen und dann eine Pause zu machen, bis Sie zur Weiterbeschäftigung mit dem Prüfungsstoff bereit sind. Auf diese Weise haben Sie bereits eine erste Beziehung zur Thematik aufgebaut.

2. Fragen (Question)

Stellen Sie als Nächstes gezielte Fragen an den Text: Worum geht es dabei? Welches Interesse kann Sie motivieren, den Text zu lesen? Was könnte Ihnen dieses Wissen bringen? In welchem Zusammenhang steht der Inhalt mit anderen Kapiteln und Themenbereichen? Was wissen Sie schon in Bezug auf diesen Stoff?

Durch solche Fragen, die Sie am besten schriftlich formulieren, können Sie Ihre Motivation für den Prüfungsstoff und Ihre Konzentration auf den Inhalt fördern. Sie müssen auch jetzt noch nichts leisten, sondern nur nach irgendeinem Aspekt suchen, der Ihr Interesse an der Sache wecken könnte.

Beginnen Sie mit dem genaueren Lesen des Prüfungsstoffs erst dann, wenn Sie einen ersten Überblick gewonnen und konkrete Fragen an den Text gestellt haben.

3. Lesen (Read)

Lesen Sie den Text möglichst gründlich durch, und zwar Abschnitt für Abschnitt. Dabei müssen Sie nicht alles behalten, denn für die bessere Speicherung im Gedächtnis ist die wiederholte Bearbeitung des Stoffs erforderlich.

Beachten Sie wichtige Hervorhebungen, Gliederungen und Zusammenfassungen des Autors. Unterstreichen oder markieren Sie zusätzlich wichtige Wörter oder Sätze. Machen Sie am Rand Striche und Notizen und verwenden Sie eigene Abkürzungen wie »Z« für Zusammenfassung oder »Def« für Definition.

Auf diese Weise betonen Sie die Hauptaussagen bei jedem Abschnitt. Sie verstehen rascher den Inhalt und benötigen beim späteren neuerlichen Durcharbeiten des Textes weniger Zeit, sodass Sie das Wesentliche rascher und besser im Gedächtnis abspeichern können.

Prägen Sie sich zur besseren Speicherung im Gehirn den Text mit unterschiedlichen Sinnesorganen ein:

▶ **Visuelle Hilfen, um sich etwas zu merken, sind Zeichnungen und Grafiken, vor allem Flussdiagramme und Mind-Maps, sogenannte Gedankenlandkarten, bei denen Sie die Zusammenhänge zwischen** verschiedenen Begriffen und Themenbereichen durch Linien und Pfeile gliedern, mit dem Zentralthema in der Mitte.

▶ Als akustisches Hilfsmittel hat sich das phasenweise laute Lesen des Textes bewährt, vor allem bei wichtigen und schwierigen Passagen. Lautes Sprechen verbessert Ihre Konzentrations- und Merkfähigkeitsleistung. Dabei fällt Ihnen rascher als sonst auf, wenn Sie nicht mehr bei der Sache sind. Sie können den gesprochenen Text auch mit einem Gerät aufnehmen und dann anhören, als zusätzliche Gedächtnisstütze.

▶ Auf der Ebene der Körperwahrnehmung können Umhergehen oder rhythmische Bewegung zum Abbau der Anspannung hilfreich sein.

4. Wiedergabe (Recite)

Fassen Sie die wichtigsten Inhalte des Textes oder Kapitels mit *eigenen* Worten zusammen. Hilfreich ist auch die Erstellung von *Exzerpten,* die eine intelligente Zusammenfassung des Stoffs sein sollen.

Unterscheiden Sie zwischen Wichtigem und weniger Wichtigem. Zeigen Sie Mut zur Lücke, sodass Sie sich in der ersten Bearbeitungsphase nicht in Details verlieren. Treffen Sie die Entscheidung, was Sie unbedingt und was Sie nicht unbedingt behalten wollen. Halten Sie die Kerngedanken und Hauptaussagen auf einem Blatt fest und nehmen Sie dabei auch Bezug auf die früher gestellten Fragen. Gehen Sie so bei jedem Text oder Inhalt vor, den Sie lernen wollen.

Bei weniger umfangreichen Prüfungen reichen möglicherweise Ihre eigenen Mitschriften zur Festigung des Stoffs im Gedächtnis aus.

Alles, was Sie in eigenen Worten zusammenfassen und aufschreiben, werden Sie besser behalten als das, was Sie nur gelesen haben. Wenn Sie ein akustischer Typ sind, also Gehörtes besser aufnehmen können, hilft es, den Text auf ein Speichermedium zu sprechen und dann anzuhören.

5. Wiederholung (Review)

Wiederholen Sie abschließend den ganzen Stoff beziehungsweise den Inhalt aller Kapitel und vertiefen Sie Ihr Wissen durch Querverbindungen zu anderen relevanten Themen. Die Zusammenschau aller Texte und die Einsicht in den Gesamtzusammenhang aller Inhalte ermöglichen Ihnen eine bessere Speicherung des Lernstoffs im Gedächtnis. Ihr Wissen wird vernetzt. Das Verstehen von Sinnzusammenhängen erleichtert das Lernen ungemein, weil das mechanische Auswendiglernen weitgehend durch Denken und Querverbindungen ersetzt wird. Verzichten Sie auf reines Auswendiglernen, außer bei Vokabeln, Formeln, Jahreszahlen und ähnlichen Inhalten.

Beseitigen Sie im Bedarfsfall die letzten Unklarheiten und Wissenslücken durch eine neuerliche Lesekontrolle und ergänzen Sie auf diese Weise Ihre Aufzeichnungen.

Zu einem späteren Zeitpunkt können Sie den Stoff noch detaillierter bearbeiten. Festigen Sie das Gelernte durch mehrfache Wiederholung, mit längeren Pausen dazwischen. Halten Sie sich an das Motto:»Lieber öfter, dafür aber kürzer lernen.«

Legen Sie auch eine Lernkartei an und schreiben Sie die wichtigsten Inhalte auf *Karteikarten*, um sie sich dadurch besser einzuprägen. Mithilfe der Karteikarten können Sie den Lernstoff zunehmend auf das Wesentliche verdichten. Sprechen Sie die wichtigsten Inhalte auch auf ein Gerät, um sie später anzuhören. Lassen Sie sich, wenn möglich, von anderen abfragen, um den Zugang zu Ihrem Wissen unter einem gewissen Stress zu trainieren.

Wiederholen Sie das Wichtigste noch einmal kurz vor dem Schlafengehen, weil sich das Gelernte im Schlaf ohne Störwirkung durch andere Informationen besonders gut festigt.

Könnte die stärkere Berücksichtigung eines derartigen aktiven Lernens günstige Auswirkungen auf Ihre Prüfungsangst haben? Worauf genau sollten Sie in Zukunft mehr achten als bisher?

BLEIBEN SIE BEI LERNPLATEAUS GELASSEN

Fortschritte beim Lernen erfolgen nicht linear fortschreitend, sondern in Form von Stufen.

SIE KENNEN DIESE ERFAHRUNG vom Sport, Musizieren oder Sprachenlernen: Sie erreichen rasch erste Fortschritte, üben dann lange und haben irgendwann den Eindruck, dass sich nichts oder nicht mehr viel tut. Das ist frustrierend. Plötzlich – nicht selten nach einer Pause ohne neuerliches Üben und Wiederholen – macht es Klick, und Sie führen das zuletzt Gelernte, das Sie vorher nur ganz bewusst und mit Mühe gemacht haben, ganz spontan und fast perfekt aus. So ist es auch beim Lernen für Prüfungen – wenn Sie nicht vorher aufgeben!

Es dauert einige Zeit, bis neue Informationen durch Um- und Ausbauprozesse im Gehirn gespeichert sind. In dieser Zeit der Verarbeitung haben Sie keinen Zugriff auf das Gelernte, sodass Sie glauben, Sie hätten alles schon wieder vergessen. Derartige Erfahrungen können eine vorhandene Prüfungsangst erheblich verstärken.

Werden Sie nicht panisch, sondern machen Sie eine Pause und lassen Sie Ihr Gehirn in Ruhe arbeiten. Vergleichen Sie das Lernen mit einer Treppe, deren Stufen Sie hinaufgehen. Einige Zeit nach dem Lernplateau macht Ihr Gehirn einen Sprung auf die nächsthöhere Wissensstufe.

Jetzt verstehen Sie bestimmt auch besser als vorher, warum es für die langfristige Wissensspeicherung ungünstig ist, den Prüfungsstoff kurzfristig in sich hineinzustopfen; man meint, man könne ihn dann leichter für die Prüfung behalten. Deshalb sagen Fachleute auch, man solle am besten in den letzten Tagen vor der Prüfung nichts Neues mehr lernen, sondern lieber das Alte durch Wiederholen besser abspeichern. Neue Informationen haben kurz vor der Prüfung gar keine Chance, abgespeichert zu werden, und gefährden höchstens die sichere Speicherung und Wiedergabe des Gelernten.

SCHRITT 4: AUFMERKSAMKEIT VERBESSERN – SO KONZENTRIEREN SIE SICH AUF DAS, WAS JETZT WICHTIG IST

LEIDEN SIE BEI PRÜFUNGSVORBEREITUNGEN und/oder Prüfungen unter erheblichen Konzentrationsstörungen? Schritt 4 kann dann – über Schritt 3 hinaus – für Ihren weiteren schulischen, akademischen oder beruflichen Erfolg sehr hilfreich sein.

VERMEIDEN SIE MENTALES MULTITASKING

Konzentration bedeutet Einengung der Aufmerksamkeit auf einen ganz bestimmten Bereich – in der Fachsprache »selektive Aufmerksamkeit« genannt.

WENN SIE UNKONZENTRIERT SIND, denken Sie gleichzeitig an zu viele Dinge, die mit der momentanen Aufgabenstellung überhaupt nichts zu tun haben.

Konzentrationsstörungen beim Lernen sowie bei schriftlichen und mündlichen Prüfungen beruhen auf einem gedanklichen Multitasking:

▶ **Gedanken an die Vergangenheit:** Sie erinnern sich beim Lernen und vor Prüfungen ständig an die Fehler und Versagenserlebnisse in der Vergangenheit.

▶ **Gedanken an die Zukunft:** Sie befürchten, bei der Prüfung zu scheitern, und beschäftigen sich schon vorher mit den Folgen des Versagens.

Wir Menschen sind in der Lage, an alle drei Zeitdimensionen gleichzeitig zu denken: Vergangenheit, Gegenwart und Zukunft. Die Fähigkeit, die Vergangenheit zu reflektieren und eine mögliche Zukunft vorherzusehen, kann uns helfen, eventuell auftretende Probleme in der Gegenwart richtig zu bewältigen – zur Sicherung unseres Überlebens.

Diese an sich wertvolle Fähigkeit wird jedoch bei Ängsten jeder Art unnötig oft eingesetzt, so auch bei Ihrer Prüfungsangst. Schon dadurch geraten Sie in einen belastenden Stress.

Neben der Ablenkung durch die Vergangenheit oder die Zukunft beeinträchtigen zwei weitere Störfaktoren die Konzentration auf die konkrete Aufgabenstellung:

▶ **Kritische Selbstbeobachtung:** Sie stehen gleichsam neben sich, schauen sich bei Ihren Aktivitäten skeptisch zu und bewerten alles, was Sie tun, als negativ.

▶ **Gefürchtete Fremdkritik:** Sie fragen sich, was die anderen, die Sie bei der Prüfung beobachten, gerade denken und wie vor allem Lehrer und Eltern reagieren werden, wenn Sie eine schlechte Note bekommen sollten.

Zum besseren Verständnis ist hier jeweils ein typischer Gedanke angeführt:

▶ **Vergangenheit:** »Das letzte Prüfungsergebnis hat mich sehr deprimiert. Auch meine Eltern waren sehr enttäuscht von mir.«

▶ **Zukunft:** »Das volle Lernprogramm schaffe ich bestimmt nicht bis zur Prüfung; dann falle ich durch und brauche länger bis zum Abschluss.«

▶ **Selbstkritik:** »Ich bin einfach zu blöd für dieses Fach; die anderen sind viel besser als ich.«

▶ **Befürchtete Fremdkritik:** »Meine Eltern und meine Lehrer werden bei einer schlechten Note bestimmt sauer sein, weil sie glauben, ich hätte nicht genug gelernt.«

Finden Sie heraus, welche Denkmuster in Bezug auf die vier genannten Aspekte Ihre Konzentrationsleistung am meisten beeinträchtigen.

ENTLASTEN SIE IHR ARBEITSGEDÄCHTNIS

Unser Arbeitsgedächtnis beim Aufnehmen und Speichern von Informationen ist vergleichbar dem Arbeitsspeicher unseres Computers. Je mehr Dateien wir öffnen, desto weniger leistungsfähig wird unser PC, bis er irgendwann abstürzt.

DIE LEISTUNGSFÄHIGKEIT UNSERES GEHIRNS wird überfordert, wenn wir zu vieles zugleich denken und tun. Zwei Ratschläge zur Verbesserung Ihrer Konzentrationsfähigkeit sollen als erste Hilfe dienen, um Ihr Arbeitsgedächtnis von unwichtigen Themen zu befreien und beim Lernen sowie bei Prüfungen wieder leistungsfähiger zu werden:

▶ **Bleiben Sie mit Ihrer ganzen Aufmerksamkeit in der Gegenwart,** statt in die Zukunft vorauszueilen oder in die Vergangenheit zurückzuschweifen. Auf diese Weise verhindern Sie eine hohe emotionale Erregung mit massiver körperlicher Verspannung. Je mehr Sie Ihre Horrorvorstellungen mit der Realität gleichsetzen, desto stärker wird Ihr Körper aufgrund der Bedrohungsszenarien aktiviert, sodass Sie kaum noch ruhig sitzen können und Ihre Gedanken noch mehr um die bevorstehende Katastrophe kreisen. Die Folge ist eine massive Konzentrationsstörung.

▶ **Konzentrieren Sie sich ganz auf die konkrete Aufgabenstellung,** statt neben sich zu stehen, sich ständig selbst zu kritisieren oder sich von anderen beobachtet zu fühlen. Je mehr Sie Ihren Körper beobachten, um Ihre körperlichen Angstsymptome unter Kontrolle zu halten, je mehr Sie sich auf Ihre eigenen negativen Gedanken konzentrieren und je mehr Sie sich mit den befürchteten Gedanken und Reaktionen anderer Menschen beschäftigen, desto weniger können Sie sich auf die konkrete Aufgabenstellung des Lernens oder der Prüfung konzentrieren.

Aufmerksamkeitslenkung bedeutet, dass Sie sich voll und ganz auf das konzentrieren, was im Moment am wichtigsten ist, nämlich die konkrete Aufgabenstellung. Bei der Prüfungsvorbereitung geht es um die bestmögliche Aufnahme und Verarbeitung des Prüfungsstoffs, bei der Prüfung um die gezielte Wiedergabe des Gelernten.

Erledigen Sie eine Sache nach der anderen. Der ständige Wechsel zwischen unterschiedlichen Aufgabenstellungen erfordert durch die Umdenkleistung viel geistige Energie, weshalb Multitasking rasch zu Ermüdung und sinkender Produktivität führt.

Anstatt sich der konkreten Anforderung durch Flucht zu anderen, weniger wichtigen Aufgabenstellungen zu entziehen, lassen Sie sich auf eine Sache voll und ganz ein und erledigen Sie diese mit Ausdauer und immer neuen Motivationsversuchen trotz aufkommender Versagensangst oder zunehmendem Arbeitsfrust.

VERBESSERN SIE IHRE KONZENTRATION DURCH ACHTSAMES HANDELN UND FLOW-ERLEBEN

Achtsamkeit und Flow fördern das Aufgehen im unmittelbaren Tun und Erleben und ermöglichen dadurch eine bessere Konzentrationsleistung.

DAS KONZEPT DER ACHTSAMKEIT, das in anderen Bereichen, vor allem im Bereich der Meditation, der Psychotherapie und der Medizin bereits fest etabliert ist, wird zukünftig auch in den Bereich der schulischen und akademischen Ausbildung immer mehr Eingang finden.

Achtsamkeit ist eine besondere Form der Aufmerksamkeitslenkung, wobei die Aufmerksamkeit absichtsvoll und nicht wertend auf das bewusste Erleben des aktuellen Augenblicks gerichtet ist. Die Grundeinstellung der Achtsamkeit ist das genaue Gegenteil von Angst und damit auch von Prüfungsangst, bei der Sie geistig ständig in der Zukunft leben.

Achtsamkeit ist keine Methode zur Verbesserung der Konzentrationsleistung oder zur besseren Entspannung, sondern vielmehr eine grundlegende Einstellung, die aus dem Buddhismus stammt und auch in der westlichen Welt immer mehr Anklang findet. Im schulischen Bereich ist erwiesen: Kinder und Jugendliche, die regelmäßig Achtsamkeitsübungen praktizieren, sind länger aufmerksam als andere.

Achtsamkeit während des Lernens und bei der Prüfung bedeutet, sich so zu verhalten wie während einer Meditation: ganz eingeengt auf jenen Inhalt, um den es gerade geht. Äußere Reize, wie etwa Lärm, und innere Reize, wie etwa Gedanken, Gefühle und Körpersymptome, werden während des Lernens durchaus wahrgenommen, jedoch so betrachtet wie die Wolken am Himmel, die kommen und wieder gehen.

Während des Lernens werden Sie immer wieder durch Störgeräusche kurzfristig abgelenkt sein. Nehmen Sie dies gelassen zur Kenntnis und lenken Sie Ihre Aufmerksamkeit ganz ruhig zurück auf den Prüfungsstoff.

Wenn Sie sich vorstellen, Sie würden bei der Prüfung versagen, sagen Sie sich: »Das sind nur Gedanken, Bilder, Horrorvisionen. Das ist nicht die Realität, auch wenn ich mir das Schlimmstmögliche noch so konkret und bildhaft vorstellen kann und daraufhin bestimmte körperliche Zustände bekomme.« Sie müssen nicht immer positiv denken; es reicht oft, auf eine gewisse Distanz zu Ihren negativen Gedanken zu gehen.

Das Aufgehen im Tun und die Konzentration auf das Lernen können Sie auch durch ein Flow-Erleben fördern. Als Flow bezeichnet man das Versunkensein im Tun. Es handelt sich dabei um eine positive Leidenschaft. Alles, was Sie mit Leidenschaft machen, machen Sie auch gut. Wenn Sie etwas begeistert unternehmen, müssen Sie sich gar nicht anstrengen, es zu erledigen. Was Sie dann tun, geht Ihnen mühelos von der Hand und ist von allein im Fluss (engl. *Flow*). Sie vergessen dabei die Zeit, sich selbst und die Umwelt. Flow entspricht ebenso wenig einer bewussten Entspannungsübung wie Achtsamkeit. Sie müssen nicht immer entspannt sein, wenn Sie erfolgreich lernen oder eine Prüfung absolvieren möchten. Entspannung ist – im Gegensatz zu weitverbreiteten Vorstellungen – keine notwendige Voraussetzung für den Erfolg beim Lernen und bei Prüfungen. Wenn Sie im Flow sind, können mittelschwere Aufgaben Sie derart fesseln, dass Sie andere Reize gar nicht beachten – ganz gleich, ob Sie angespannt und hungrig sind oder ob es rundherum recht laut zugeht.

PROFITIEREN SIE VON EINEM SELBSTINSTRUKTIONSTRAINING

Nutzen Sie zur Verbesserung Ihrer Konzentrationsfähigkeit eine Trainingsstrategie aus der Verhaltenstherapie: die Methode der Selbstinstruktion.

EIN VERBALES SELBSTINSTRUKTIONSTRAINING ermöglicht es Ihnen, sich besser auf die momentane Aufgabe zu konzentrieren, und zwar durch lautes Mitsprechen, das Sie im Laufe der Zeit in Lippenbewegungen ohne Ton und schließlich in inneres Sprechen umwandeln. Selbst impulsive und aufmerksamkeitsgestörte Kinder können ihre geistige Leistungsfähigkeit verbessern, wenn sie in einen inneren Dialog mit sich selbst treten.

Reden Sie mit sich selbst so, als würden Sie einer anderen Person sagen, was Schritt für Schritt zu tun ist. Man kann es aber auch so formulieren: Coachen Sie sich selbst so, als würde jemand anders es tun, wenn Sie bei einer Aufgabenstellung nicht wissen, wie Sie vorgehen sollen.

Mithilfe von *Selbstgesprächen* können Sie Ihre Aufmerksamkeitsleistung erheblich steigern:»Was genau soll ich jetzt tun? Habe ich die Aufgabe richtig verstanden? Ich überprüfe lieber noch einmal genau, was ich tun soll. Jetzt kenne ich mich aus. Ich mache die Aufgabe so gut wie möglich. Habe ich die Aufgabe gut bewältigt? Ja, das habe ich richtig gemacht. Was ist der nächste Schritt?« So begleiten Sie Ihr Tun Schritt für Schritt zuerst durch lautes Sprechen und später durch innere Handlungsanweisungen. Durch Ihr akustisches Feedback bemerken Sie schnell, ob Sie bei der Sache oder vom Thema abgeschweift sind.

SCHAFFEN SIE GÜNSTIGE VORAUSSETZUNGEN ZUM LERNEN
Die richtigen Arbeitsbedingungen tragen wesentlich zur Verbesserung Ihrer Konzentration bei.

GESTALTEN SIE IHREN ARBEITSPLATZ MÖGLICHST SO, dass Ihnen die Konzentration auf den Prüfungsstoff leichter gelingt. Schließen Sie die Tür Ihres Zimmers, um sich vor störenden Reizen abzuschirmen, und schalten Sie am besten alles aus, was Sie vom Lernen ablenkt: Computer als Spielgerät, TV- und Radioapparat, auch das Handy.

Viele Schüler und Studenten halten das Alleinsein im Zimmer nur schwer aus; ohne äußere Reizquellen erleben sie leicht Langeweile, unangenehme Gefühle oder gar innere Leere. Sie sind durch ständigen Medienkonsum und Anwesenheit in sozialen Medien auf der Flucht vor sich selbst und benötigen dauernd die Interaktion mit anderen. Fällt es auch Ihnen schwer, ganz bei sich zu sein, weil Sie immer nur auf andere ausgerichtet sind?

Bei der Prüfung sind Sie mit sich und Ihrem Wissen ganz allein. Bereiten Sie sich daher in ähnlicher Weise auf diese Situation vor. Verzichten Sie auch auf einen Spannungsabbau durch ständiges Essen oder Reagieren auf Nachrichten auf dem Smartphone, weil dies bei der Prüfung auch nicht möglich sein wird. Eine Prüfung ist immer eine Anspannungssituation. Sie sollten sich rechtzeitig darauf vorbereiten, sodass Sie die ganz normale Anspannung beim Lernen besser als bisher aushalten können.

Sind Sie überzeugt, mit Fernsehen, Radio und Musik genauso konzentriert arbeiten zu können wie ohne? Sind Sie ein Mensch, der Multitasking jeglicher Art liebt und als ganz normal betrachtet? Wie viele äußere Reize brauchen Sie, damit Sie überhaupt am Schreibtisch sitzen können, weil Sie mit Ruhe und Stille nicht umgehen können?

Müssen Sie sich vielleicht eingestehen, dass Sie einfach nicht gerne lernen, sich aber mit Musik leichter dazu aufraffen können? Auch das ist Multitasking, selbst wenn Sie es nicht so erleben. Je schwieriger ein Prüfungsstoff zu verinnerlichen ist, umso weniger sollten Sie in den Multitasking-Modus umschalten, weil Sie meinen, dadurch besser lernen zu können.

Es ist wissenschaftlich erwiesen: Multitasking erzeugt erhöhten Stress und beeinträchtigt die Aufnahmefähigkeit Ihres Arbeitsgedächtnisses. Jede akustische oder visuelle Reizüberflutung erhöht unnötig Ihre geistige und körperliche Anspannung. Medienkonsum, vor allem die zusätzliche Verarbeitung von Bildern neben dem Lernen, beansprucht Ihr Arbeitsgedächtnis wesentlich mehr als ein reiner Text, weil mehr Informationen fließen.

Reduzieren Sie alle äußeren Reize, die Ihre Aufmerksamkeitsleistung beeinträchtigen. Selbst wenn Sie glauben, Sie hätten sich daran gewöhnt: Akustische und visuelle Reize bedeuten eine zusätzliche Belastung Ihres Arbeitsgedächtnisses und damit eine verminderte Leistungsfähigkeit.

Grundsätzlich gilt: Routinetätigkeiten, wie etwa die Wiederholung eines Stoffgebiets, erfordern weniger Konzentration als die Aufnahme und Verarbeitung eines neuen und schwierigen Prüfungsstoffs. Sicherlich können bei Routineaufgaben, wie etwa beim Kochen oder bei langen Autofahrten, äußere Reize wie Musik oder Radio hören durchaus hilfreich sein, die nötige Wachheit zu erhalten und die allgemeine Aufmerksamkeit zu fördern, doch zeigt sich bereits bei anstrengenden Autofahrten im Stadtverkehr, wie gefährlich es sein kann, nebenbei zu telefonieren.

Aus diesem Beispiel lässt sich schließen: Je mehr Sie sich auf eine Aufgabenstellung, zum Beispiel das Lernen von neuen Informationen, konzentrieren müssen, desto negativer wirken sich andere Reize auf die Aufnahme, Verarbeitung und Speicherung des zu lernenden Stoffs aus.

Eine Studie hat gezeigt, dass angenehme Musik vor dem Lernen die spätere Leistungsfähigkeit verbessern kann. Musik beim Lernen vermindert dagegen die Leistungsfähigkeit Ihres Arbeitsgedächtnisses, weil Sie der Musik mehr Aufmerksamkeit widmen als dem neuen Prüfungsstoff.

Zur Thematik von Lernen und Musik gibt es auch andere fachliche Meinungen und durchaus positive Erfahrungen verschiedener Studierender. Wenn Sie jedoch unter Aufmerksamkeitsstörungen leiden, sollten Sie Ihre Motivation zum Lernen ganz aus dem Prüfungsstoff beziehen und nicht aus dem vermeintlich entspannenden Nebeneffekt von Musik oder anderen Medien.

SCHRITT 5: ERHOLUNGSPHASEN EINBAUEN –
MIT PAUSEN ERHALTEN SIE IHRE LEISTUNGSFÄHIGKEIT

FÄLLT ES IHNEN SCHWER, im Prüfungsstress und bei großer Prüfungsangst auf Erholung und Entspannung zu achten, vielleicht aus schlechtem Gewissen, weil Sie nicht jede freie Minute dem Prüfungsstoff widmen?

Schritt 5 möchte Sie ermutigen, neben dem Studieren genau das zu tun, was Sie eigentlich tun möchten, aber nicht zu tun wagen oder im Trubel der Ereignisse ganz übersehen haben.

ENTWICKELN SIE EINE GUTE MISCHUNG
AUS STUDIUM UND FREIZEIT
Länger dauernde Prüfungsvorbereitungen sind Schwerstarbeit und können nicht unbegrenzt in gleicher Intensität fortgesetzt werden, ohne dass die Leistung abfällt.

VIELE STUDIERENDE VERBRINGEN unter dem Druck der bevorstehenden Prüfung übermäßig viel Zeit am Schreibtisch, obwohl die geistige Aufnahme- und Speicherkapazität längst erschöpft ist, die körperliche Verspannung immer mehr ansteigt, die Energieversorgung von Gehirn und Körper spürbar nachlässt und die Freude am Lernen allmählich schwindet.

Lassen Sie sich von Ihrer Prüfungsangst nicht in den Stress versetzen, dauernd lernen zu müssen. Verzichten Sie in der Lernphase nicht ganz auf das, was Ihnen Freude bereitet und Ihr Leben mit Sinn erfüllt. Erstellen Sie eine Liste jener Aktivitäten, die Sie neben dem Lernen weiterhin gerne ausüben möchten, für sich selbst als Genuss, Sport oder Hobby, aber auch zusammen mit anderen, um Ihre Sozialkontakte nicht zu vernachlässigen.

Pausen und alle Formen von Entspannung und ausgleichenden Tätigkeiten dienen letztlich Ihrer Leistungsfähigkeit. Ihr Gehirn verarbeitet und speichert alle aufgenommenen Informationen, während Sie schlafen, sich ausruhen oder körperlich betätigen. Außerdem hilft ein vorübergehender Abstand, später vielleicht mit neuen Ideen und Sichtweisen an die Aufgabenstellung heranzugehen.

Der optimale Wechsel von Anspannung und Entspannung und die bestmögliche Balance von Energie abbauenden und Energie aufbauenden Aktivitäten müssen von jedem Studierenden selbst herausgefunden werden, auch wenn es dazu zahlreiche Ratschläge von Fachleuten gibt.

Was sind Ihre bisherigen Erfahrungen? Was hat Ihnen bisher zum Aufladen Ihrer »leeren Batterien« am besten geholfen, was überhaupt nicht? Zur raschen Regenerierung können Sie *vier Energiequellen* je nach Bedarf und persönlicher Vorliebe nutzen:

▶ Entspannungstechniken,
▶ ausgleichende körperliche Aktivitäten,
▶ Energieaufbau durch richtige Ernährung und ausreichenden Schlaf,
▶ attraktive Selbstbelohnungen zur Motivationsstärkung und Erhaltung der Lebensfreude.

FINDEN SIE DIE PASSENDE ENTSPANNUNGSMETHODE

Alle Entspannungsverfahren haben – wenngleich auf unterschiedliche Weise – dasselbe Ziel: die geistige und körperliche Anspannung abzubauen und die seelische und körperliche Entspannung zu fördern.

DIE ENTSPANNUNGSWIRKUNG beruht bei allen Methoden auf zwei Faktoren: Die Aufmerksamkeit wird auf einen ganz bestimmten Punkt beziehungsweise auf eine ganz bestimmte Tätigkeit gelenkt, und alle störenden internen oder externen Reize, das heißt alle

Nebengedanken, Körperempfindungen und Umweltgeräusche, werden ausgeblendet.

Es ist am besten, Entspannungstechniken in einem Kurs zu erlernen, beispielsweise in der Volkshochschule, um Fehler beim Erlernen und Anwenden der jeweiligen Technik zu vermeiden. Auch eine der zahlreichen im Handel erhältlichen CDs kann eine sinnvolle Lernhilfe sein. Die vier wichtigsten Entspannungstechniken sind:

▶ **Autogenes Training**
Diese Form der suggestiven Selbstbeeinflussung ermöglicht bei regelmäßigem Training mithilfe von sechs körperbezogenen Übungen eine immer schnellere und tiefere Entspannung. Ziel der Übungen sind eine Entspannung der Muskulatur, eine verbesserte Durchblutung, eine entspannende Rhythmisierung von Atmung und Herzschlag sowie ein Wohlbefinden im Bauch- und Kopfbereich.

▶ **Progressive Muskelentspannung nach Jacobson**
Bei dieser Entspannungsmethode werden verschiedene Muskelgruppen im ganzen Körper nacheinander (»progressiv«) in einer bestimmten Reihenfolge zunächst bewusst angespannt und dann entspannt. Über den Weg der Muskelermüdung kommt es im Laufe der Zeit zu einem tiefen Entspannungseffekt.

▶ **Verschiedene Atemtechniken**
Die bewusste Beeinflussung der Atmung führt dazu, dass sich das vegetative Nervensystem beruhigt. Eine intensivere Zwerchfellatmung und verschiedene Formen des langsamen Ausatmens entspannen nicht nur die Muskulatur, sondern senken auch Puls und Blutdruck. Bereits die bewusste Wahrnehmung, wie wir atmen, ein und aus, ohne die

Atmung zu beeinflussen, führt zur Einengung der Aufmerksamkeit und damit zu mehr Entspannung.

Atmen Sie bei Angst und Stress ein, als würden Sie einen angenehmen Duft in der Nase hochziehen, und atmen Sie durch leicht geschlossene Lippen langsam aus.

▶ **Entspannende Ruhebilder und Fantasiereisen**
Innere Bilder wirken entspannend und fördern das Wohlbefinden, oft ausgehend von schönen Erinnerungen: das Liegen am See oder Meeresstrand, das leichte Schaukeln auf einem Boot im Wasser, der Spaziergang am Strand, der Blick von einem Berggipfel, der Anblick einer grünen Wiese mit schönen Blumen im Sonnenschein, die aufgehende oder untergehende Sonne, das Wandern durch den Wald, das Liegen in einer warmen Badewanne.

Es gibt noch umfassendere Methoden, die ebenfalls einen großen Entspannungseffekt haben, obwohl dieser nicht das hauptsächliche Ziel der Übungen ist:

▶ **Yoga**
Je nach Yoga-Methode stehen geistige Konzentration, bestimmte körperliche Übungen und Positionen sowie Atemübungen im Mittelpunkt.

▶ **Meditation**
Meditation besteht in der bewussten Einengung der Aufmerksamkeit auf einen ganz bestimmten Inhalt und bewirkt in der Folge davon eine angenehme Entspannung.

▶ **Achtsamkeitsbasierte Stressreduktion**
Das Konzept der Achtsamkeit stammt aus dem Buddhismus und ist

mittlerweile in Medizin und Psychotherapie weitverbreitet. Auch in der schulischen und akademischen Ausbildung findet dieser Ansatz zunehmend Beachtung. Atemmeditation und die Übung der Körperreise ermöglichen Ihnen die entspannend wirkende Wahrnehmung der Befindlichkeit im ganzen Körper, weil Sie die körperlichen Empfindungen einfach nur wahrnehmen, ohne sie als bedrohlich zu bewerten.

▶ **Qi Gong**
Diese chinesische Meditations-, Konzentrations- und Bewegungsform führt zur Kultivierung von Körper und Geist. Sie ist bei uns derzeit weiter verbreitet als Tai Chi, das bekannte chinesische Schattenboxen.

Mit welcher der genannten Methoden haben Sie schon Erfahrung, welche möchten Sie gerne näher kennenlernen, um Geist und Körper gleichermaßen zu regenerieren?

SETZEN SIE AUF AUSGLEICHENDE KÖRPERLICHE AKTIVITÄTEN
Bei Prüfungsstress und Prüfungsangst verharrt unser Körper in einem ständigen Kampf-Flucht-Zustand, obwohl wir uns gar nicht bewegen müssen, weil keine äußere Bedrohung existiert.

BEI ANGST, FURCHT und jeder länger dauernden geistigen Anstrengung wird unser Körper – wie beim Urmenschen – so stark aktiviert, als ginge es buchstäblich um unser Überleben. Beim Lernen sitzen wir jedoch nur, mit stundenlanger, geistig anstrengender Arbeit beschäftigt. Die Folgen sind oft schmerzhafte Schulter-Nacken-Verspannungen und chronische Rückenschmerzen. Jede Form von körperlicher Aktivität hat daher den Zweck, nicht nur den Körper zu stärken, sondern die Stresshormone abzubauen und damit die Entspannung zu fördern.

Ausdauersportarten wie Walking, Laufen, Radfahren oder Schwimmen sind als ausgleichende körperliche Aktivitäten genauso geeignet wie Gymnastik, Tanzen oder ein *Konditions- und Krafttraining* zu Hause oder im Fitnessstudio. Bereits kürzere *Spaziergänge* in der frischen Luft können Ihnen helfen, für die nächste Lernphase optimal aufzutanken. Doch auch Arbeit im Haushalt, im Garten oder anderswo kann ein hilfreiches Gegengewicht zum längeren Sitzen darstellen. Wirkt die Zubereitung eines leckeren Essens für Sie entspannend? Können Sie ein Instrument spielen und dadurch Entspannung finden? Welche Form von körperlicher Betätigung bietet für Sie den idealen Ausgleich zum Prüfungsstress und zum Ausharren am Schreibtisch?

Sport und körperliche Aktivitäten dienen nicht nur der körperlichen Fitness und dem Spannungsabbau, sondern auch der besseren Durchblutung des Gehirns und in der Folge davon der geistigen Fitness. Diese Erkenntnis wird auch beim Hirnleistungstraining von Personen mit beginnender Demenz berücksichtigt.

STÄRKEN SIE GLEICHERMASSEN GEIST UND KÖRPER

Angst, Furcht und Stress schalten Ihren Körper auf Leistung, während auf Dauer die Energie aufbauende ausgewogene Ernährung zu kurz kommt.

SIND SIE VOR LAUTER PRÜFUNGSANGST UND -STRESS am Morgen völlig appetitlos, sodass Sie keinen Bissen hinunterbringen? Oder gehören Sie zu jenen, die zum Stressabbau tagsüber anfallartig oder ständig zu viel essen?

Ernähren Sie sich einseitig von Junk-Food, also Nahrung mit geringem Nährwert, wie etwa Hamburger, Weißbrot und Fertiggerichten? Ernähren Sie sich praktisch nur von Süßigkeiten oder anderen fetthaltigen Sachen? Essen Sie vor allem dann zu fett oder zu süß, wenn Sie wegen unregelmäßiger Essenszeiten anfallartigen Hunger verspüren? Vergessen Sie, genug zu trinken, oder trinken Sie Unmengen von aufputschenden und stark gesüßten Flüssigkeiten?

Bedenken Sie: Das Gehirn macht nur zwei Prozent des Körpergewichts aus, ist jedoch für rund 20 Prozent des Stoffwechselumsatzes und rund 60 Prozent des Glukoseumsatzes des Körpers verantwortlich. Außerdem benötigt es rund 40 Prozent des Sauerstoffbedarfs und relativ viel Flüssigkeit.

Achten Sie auf eine *gesunde Ernährung*, die nicht nur Ihren Körper, sondern auch Ihr Gehirn mit Energie versorgt. Die Ernährung sollte aus einer ausgewogenen Mischung von Kohlehydraten, Fetten und Eiweiß bestehen, in Verbindung mit allen wichtigen Vitaminen, Mineralstoffen und Spurenelementen. Ernährungsexperten empfehlen mindestens dreimal täglich Gemüse und Salate und zweimal täglich eine Handvoll Obst.

Die beste Nahrung für Ihr Gehirn in Lern- und Prüfungszeiten sind folgende Lebensmittel, die Ihre Konzentrations- und Leistungsfähigkeit erhalten und verbessern:

▶ **komplexe Kohlehydrate,** bei denen der Zucker, gut verpackt in Ballaststoffe, langsam abgebaut wird: Brot und Gebäck aus Vollkorn, Nudeln, Reis, Haferflocken, Kartoffeln, Hülsenfrüchte, Gemüse und Obst;
▶ **hochwertiges Eiweiß** (Proteine): Milchprodukte (Joghurt, Käse, Quark, Buttermilch), Fisch, mageres rotes Fleisch, Putenbrust, Huhn, Eier, Hülsenfrüchte;
▶ **hochwertige Fette** mit mehrfach ungesättigten Fettsäuren, speziell Omega-3-Fettsäuren, vor allem fette Kaltwasserfische (Lachs, Hering, Makrele, Thunfisch, Sardinen) und Öle wie Lein-, Raps- oder Walnussöl;

▶ **Nüsse, Samen, Kerne und Keime** als Zwischenmahlzeit in Form von Studentenfutter oder im morgendlichen Müsli mit Haferflocken, Obst, Joghurt oder Milch.

Das Gehirn benötigt regelmäßige *Zuckerzufuhr*, um arbeiten zu können, jedoch in Form von komplexen Kohlehydraten und nicht durch plötzliche Zuckerbomben in Form von Einfach- oder Zweifachzucker, der zwar schnell in die Blutbahn gelangt, aber bald wieder abgebaut wird. Bei übermäßiger Zuckerzufuhr reagiert der Körper mit einer vermehrten Ausschüttung von Insulin, sodass Sie schneller als sonst in eine Unterzuckerung geraten. Die Folgen sind Ermüdung und Konzentrationsabfall. Beginnen Sie den Tag mit einem nahrhaften *Frühstück*. Ein gesundes Frühstück und eine entsprechende Zwischenmahlzeit verbessern die Konzentrationsfähigkeit. Brain-Food (Äpfel und Nüsse) statt Fast-Food als Pausensnack erhöht laut einer Studie die Gedächtnisleistung. Nach einer großen englischen Untersuchung hatten Schüler, die ein hochwertiges Frühstück aßen, doppelt so gute Leistungen wie jene, die nicht frühstückten.

Um Ihre geistige Leistungsfähigkeit zu erhalten, brauchen Sie ausreichend Flüssigkeit. Im Normalfall sollten Sie täglich *1,5 bis 2 Liter Flüssigkeit* trinken, bevorzugt stilles Mineralwasser, alternativ dazu gutes Leitungswasser, öfter zur Hälfte mit echtem Fruchtsaft vermischt. Ebenfalls geeignet sind ungesüßte oder nur leicht gesüßte Tees, wie etwa grüner Tee oder Früchtetee. Flüssigkeitsmangel beeinträchtigt die Aufnahme, Verarbeitung und Speicherung von Informationen im Gehirn. Wenn Sie ausreichend Flüssigkeit zuführen, erhöhen Sie Ihre Lernfähigkeit, was sich in besseren Noten äußert. Übrigens: Ein dunkel gefärbter Urin weist auf Flüssigkeitsmangel hin.

Gehen Sie mit *koffeinhaltigen Getränken* (Kaffee, Cola) und *Energy Drinks* vorsichtig um, weil der aufputschende Effekt nach einigen Stunden eine raschere Ermüdung als sonst zur Folge hat.

Verzichten Sie beim Lernen auf *Alkohol*, denn dadurch fällt Ihre Konzentrations- und Merkfähigkeitsleistung rasch ab. Der Konsum von Alkohol oder Drogen dämpft zwar kurzfristig die Angst, doch durch die Ruhigstellung werden Aufmerksamkeit und Konzentration gestört, was erst recht die optimale Leistung verhindert.

Nehmen Sie auch keine *Beruhigungsmittel* (Tranquilizer), die nicht nur Ihre ganz normale körperliche und geistige Aktiviertheit dämpfen, sondern nach einigen Monaten regelmäßiger Einnahme auch abhängig machen.

Wichtig ist auch, dass Sie Ihr *Schlafverhalten* überprüfen. Zu wenig Schlaf kann zu Lern- und Leistungsstörungen führen. Eine schlaflose Nacht entspricht in der Wirkung einem Alkoholspiegel von 0,8 Promille – das ist selbst zum Autofahren zu viel und zum effektiven Lernen erst recht.

Achten Sie auf *ausreichenden Schlaf*, der Körper und Geist für den nächsten Tag stärkt. Im Schlaf regeneriert sich Ihr Immunsystem, das Sie körperlich gesund erhält. In der Nacht erfolgt auch Ihr Körperwachstum, sofern Sie noch wachsen. Und das Wichtigste im Zusammenhang mit dem Lernen für die Prüfung: In den Tiefschlaf- und Traumphasen bildet sich das Langzeitgedächtnis, in dem die am Tag aufgenommenen Informationen dauerhaft gespeichert werden.

Lernen ist letztlich nichts anderes als die Speicherung von Informationen im Langzeitgedächtnis. Halten Sie daher einen regelmäßigen Schlaf-Wach-Rhythmus ein. Rund acht Stunden Schlaf sind bei jungen Menschen normal und gesund. Wie viele Stunden schlafen Sie täglich?

BELOHNEN SIE SICH FÜR LERNERFOLGE, UM MOTIVATION UND LEBENSFREUDE ZU ERHALTEN

Belohnen Sie sich bereits in der Zeit der Prüfungsvorbereitung, wenn Sie bestimmte Zwischenziele erreicht haben.

HALTEN SIE EINE GUTE oder wenigstens eine positive Note für die beste Belohnung Ihres Lerneinsatzes? Dann müssen Sie auf das Prüfungsergebnis warten, bis Sie ein aufbauendes Feedback erhalten. Als *Belohnung* gelten Aktivitäten und Geldausgaben, die Sie sonst nicht planen würden. Es kommen völlig unterschiedliche Dinge als Belohnung infrage: ein Kinobesuch, eine teure Tafel Schokolade, ein Computerspiel, ein bestimmter Musik- oder Film-Download, ein schickes Kleidungsstück, eine Einladung von Freunden zum Essen zu Hause oder auswärts, eine außerplanmäßige Aktivität mit der Freundin oder dem Freund.

Wenn Sie sich in der Phase der Prüfungsvorbereitung selbst belohnen, ist das ein Ausdruck der positiven Selbstbeurteilung Ihrer Leistungsfähigkeit. So ist Ihr Selbstwertgefühl nicht einseitig von der Note abhängig. Zugleich stärken Sie auch Ihre weitere Leistungsmotivation und halten die Freude am Leben aufrecht, die Ihnen sonst in der Zeit der Prüfungsvorbereitung abhandenkommen könnte.

SCHRITT 6: DENKMUSTER ERKENNEN –
SO GEHEN SIE BESSER MIT NEGATIVEN GEDANKEN
UND VORSTELLUNGEN UM

HABEN SIE SCHON ERKANNT, in welchem Ausmaß Ihre Prüfungsangst von negativen Gedanken, ausufernden Befürchtungen und unkontrollierbaren Horrorvorstellungen gesteuert wird? Ist es Ihnen bislang nicht gelungen, mit Ihren Prüfungsangst-Gedanken besser zurechtzukommen?

Schritt 6 kann Ihnen helfen, Ihre Denkmuster und Vorstellungen so zu bewältigen, dass die Prüfungsangst Sie nicht mehr so behindert wie bisher.

ERKENNEN UND VERÄNDERN SIE
IHRE PRÜFUNGSANGST-GEDANKEN

*Menschen mit Prüfungsangst bewerten die eigene Person,
ihre Fähigkeiten und Erfolgsaussichten negativ.
Diese Bewertungen werden in inneren Dialogen ständig
wiederholt, was sich auf das Verhalten der Betroffenen auswirkt.*

ERSTELLEN SIE EINE LISTE der wichtigsten Denkmuster, die Ihre Prüfungsangst hervorrufen, verstärken oder aufrechterhalten. Nehmen Sie dazu ein Blatt Papier, machen Sie in der Mitte einen Strich und schreiben Sie in die linke Spalte alle Gedanken in Zusammenhang mit Ihrer Prüfungsangst auf.

Überlegen Sie danach, wie Sie jeden Katastrophen-Gedanken so umformulieren können, dass dieser für Sie keine Belastung mehr darstellt, sondern vielmehr eine Ermutigung zum weiteren Handeln enthält. Halten Sie diese neuen Sichtweisen dann in der rechten Spalte möglichst prägnant fest. Natürlich können Sie diese Liste auch als Computer-Datei erstellen. Diese Strategie, schädliche Denkmuster gedanklich umzuformulieren und neu zu bewerten, wird in der kognitiven Verhaltenstherapie *kognitive Umstrukturierung* genannt. Hier sind einige Beispiele, wie das aussehen kann:

Negativer Gedanke	Gedankliche Neubewertung
Ich weiß schon jetzt, dass ich niemals alles gut genug lernen kann, um die Prüfung zu schaffen.	Ich kenne mich: So denke ich am Anfang immer. Im Laufe der Zeit habe ich dann den Lernstoff doch immer einigermaßen bewältigt und die Prüfung geschafft.
Ich kann zu wenig, obwohl ich gelernt habe, daher sage ich die Prüfung morgen ab, weil ich mich nicht blamieren möchte.	Ich habe mich so gut wie möglich vorbereitet und werde zur Prüfung antreten. Wenn ich sie doch schaffe, ist mir das wichtiger, als mich nicht zu blamieren.
Der Prüfungsstoff ist so umfang-reich, dass ich niemals alles lernen kann.	Ich konzentriere mich darauf, das Wichtigste zu lernen und zu ver-stehen, und zeige Mut zur Lücke.
Ich habe zu spät mit dem Lernen begonnen, deshalb kann ich die Prüfung gar nicht schaffen.	Die Zeit wird zwar knapp, aber jetzt lerne ich bis zur Prüfung so gut wie möglich. Wenn ich doch zu viele Wissenslücken haben sollte, kann ich die Prüfung immer noch verschieben.
Das schaffe ich nie. Ich bin einfach zu dumm, um diesen Prüfungsstoff zu verstehen.	Okay, ich tue mich schwer in diesem Fach, aber ich lerne allein und mit Unterstützung so viel wie möglich, denn ich will diese Ausbildung unbedingt schaffen.
Wenn ich durchfalle, bin ich ein Versager. Das zeigt meine Un-fähigkeit. Wenn ich nicht einmal diese Prüfung schaffe, wird aus mir nie etwas.	Eine einzige Note sagt nichts über mich als Person aus. Jeder kann einmal bei einer Prüfung scheitern und später doch recht erfolgreich sein, in der Ausbildung und im Leben.
Wenn ich bei dieser wichtigen Prüfung durchfalle, kann ich mein Berufsziel nicht erreichen.	Durchzufallen wäre wirklich schlimm, doch ich werde nicht aufgeben, selbst wenn ich für die Ausbildung ein Jahr länger brauche.

Wenn ich auch beim zweiten Mal durchfalle, bin ich bei meiner Ausbildung endgültig gescheitert und muss immer unter meinem Niveau arbeiten.

Neuerliches Versagen würde mich sehr betrüben. Ich nutze eine dritte Chance, oder ich überlege mir nach der Prüfung eine andere sinnvolle Ausbildung.

Der Lehrer beziehungsweise die Professorin erwartet von mir mehr, als ich wirklich geben kann. Er/Sie wird mich dann nicht mehr so schätzen wie vorher.

Ich möchte weiterhin durch gute Noten die Erwartungen meiner Lehrer und Professoren erfüllen. Ich muss meine Anerkennung nicht durch überdurchschnittlichen Prüfungserfolg verdienen.

Ich werde bei der Prüfung keinen Ton herausbringen und dann den Eindruck machen, als hätte ich zu wenig gelernt.

Am Anfang werde ich wahrscheinlich nervös sein, doch dann werde ich von Satz zu Satz, von Minute zu Minute sicherer und lockerer werden.

Wenn ich in Panik gerate, kann ich nicht mehr klar denken, dann werde ich wegen dieser Denkblockaden bei der Prüfung durchfallen.

Eine kurze Denkblockade ist noch kein Versagen. Ich atme zur Entspannung ein paar Mal tief durch oder fange einfach an zu reden, um die Erstarrung zu durchbrechen. Ich weiß, dass ich ausreichend gelernt habe, sodass ich die Prüfung zumindest bestehen kann.

Meine Eltern werden bestimmt enttäuscht oder verärgert sein, wenn ich bei der Prüfung schlecht abschneide oder gar durchfalle.

Meine Eltern haben gesehen, dass ich gelernt habe. Ich werde es beim nächsten Mal besser machen und lasse mich nicht von ihren negativen Gefühlen anstecken.

Ich muss unbedingt eine gute Note bekommen, sonst wäre ich von mir selbst sehr enttäuscht, weil ich so viel gelernt habe.

Ich werde mein Bestes geben. Ich weiß, dass ich den Stoff beherrsche, und das zählt mehr als einige Fehler, weil ich aufgeregt bin oder die Multiple-Choice-Fragen unfair sind.

Ich muss unbedingt die Beste sein und darf keine Fehler machen.

Ich möchte weiterhin das bestmögliche Ergebnis erreichen, ich mache aber mein Selbstwertgefühl nicht ausschließlich von Noten abhängig, weil diese oft gar nicht das Können widerspiegeln.

Niemand darf sehen, wie nervös ich bei der Prüfung bin, sonst halten mich alle für nervlich angeschlagen.	Es ist ganz normal, aufgeregt zu sein, wenn es um etwas Wichtiges geht. Ich bin bereit, mich ganz echt zu geben, meine Gefühle zu zeigen und eventuelle Symptome wie Erröten oder Schwitzen zuzulassen, statt sie krampfhaft unterdrücken zu wollen.

Finden Sie weitere schädliche Denkmuster und überlegen Sie sich gedankliche Alternativen dazu. Eine Neubewertung sollte in aller Ruhe erfolgen, ohne jeden Stress, damit sich die neuen Denkmuster leichter im Gehirn etablieren können. Prägen Sie sich die neuen Sichtweisen möglichst gut ein, um sie bei Bedarf rasch abrufen zu können. Es ist ganz normal, dass anfangs Bauch und Kopf nicht übereinstimmen. Akzeptieren Sie, dass Ihre Gefühle zu Beginn der Umlernphase Ihren geänderten Sichtweisen hinterherhinken. Längeres Training wird dazu führen, dass Sie schließlich auch mit Ihren Gefühlen hinter den neuen Gedanken stehen können. In vielen Situationen reicht es auch aus, sich von Ihren negativen Gedanken einfach nur zu distanzieren, wenn Ihnen die gedankliche Neubewertung nicht sofort gelingt, weil Sie sich rasch auf eine bestimmte Aufgabenstellung konzentrieren müssen. Wie das geht ist, erfahren Sie im nächsten Abschnitt.

GEHEN SIE AUF KRITISCHE DISTANZ ZU IHREN GEDANKEN UND VORSTELLUNGEN

Es ist ganz normal, dass uns alle möglichen Gedanken unterkommen. Bevor Sie zur Tat schreiten, sollten Sie sich jedoch überlegen, ob Ihre Gedanken gut und hilfreich sind.

SIE KÖNNEN LERNEN, Ihre Gedanken und Vorstellungen aus einer gewissen Distanz zu betrachten, so als würden Sie vor dem Fernsehgerät sitzen und sehen, wie alles auf dem Bildschirm vorüberzieht. Stellen Sie sich Ihre Gedanken wie eine Laufschrift und Ihre Vorstellungen wie einen Film vor, der vor Ihrem geistigen Auge vorbeizieht. Wenn Sie Ihre Gedanken so beobachten, gewinnen Sie einen gewissen Abstand zu ihnen. Dann können diese Gedanken Sie nicht gefühlsmäßig überwältigen oder voreilig und impulsiv zum Handeln drängen.

Lassen Sie Ihre zentralen Prüfungsangst-Gedanken, die Sie vorher in die linke Spalte Ihrer Liste eingetragen haben, wie eine Laufschrift auf dem Bildschirm vorbeiziehen, ohne sie in irgendeiner Weise ändern zu wollen.

Stellen Sie sich Ihre Gedanken wie Sätze aus einem Werbefilm vor, der Sie zu einem bestimmten Verhalten animieren möchte. Sagen Sie sich immer wieder:»Das sind nur Sätze, nur Worte, die mich berühren möchten, aber ich muss mich nicht danach richten. Es sind nur Gedanken und Überlegungen, denen ich nicht folgen muss. Sie lösen bei mir heftige Gefühle von Angst, Furcht und Panik aus, ich muss aber dennoch nicht danach handeln.«

Lassen Sie dann Ihren Katastrophen-Film vor Ihrem geistigen Auge vorbeiziehen, etwa mit folgenden Untertiteln:

»Bei der nächsten Prüfung falle ich bestimmt durch. Das zeigt, dass ich ein totaler Versager bin. Meine Eltern und Lehrer werden völlig enttäuscht sein und sich von mir abwenden. Selbst meine Freunde werden mich auslachen, weil ich das nicht geschafft habe. Sie werden die große Karriere machen, während ich meine Ausbildung abbrechen und eine Hilfsarbeitertätigkeit annehmen muss. So unterqualifiziert werde ich niemals den passenden Lebenspartner finden. Mein ganzes Leben werde ich durch das Scheitern bei dieser wichtigen Prüfung verpfuschen. Es ist am besten, zur Prüfung gar nicht erst anzutreten, dann habe ich wenigstens nicht versagt und mich nicht vor allen anderen blamiert. Welche Ausrede könnte ich finden, damit ich die Prüfung gar nicht machen und das peinliche Versagen nicht erleben muss?«

Wie geht es Ihnen mit einer solchen Übung in Ihren eigenen Worten? Sobald Sie Ihre Gedanken und Vorstellungen für bare Münze halten und mit der Realität gleichsetzen, werden Sie reagieren wie der Urmensch in Ihnen: mit einem Fluchtverhalten, weil Sie sich den Kampf ums Überleben in der schulischen oder akademischen Ausbildung nicht zutrauen.

Jede Angst, Furcht und Panik lebt von »*Was wäre, wenn*«-*Gedanken*. Sie fürchten sich vor dem, was Ihnen in Ihren Gedanken und Vorstellungen begegnet. Wenn Sie Ihre Befürchtungen mit der Realität gleichsetzen und für hundertprozentig wahr halten, werden Sie von heftigen Gefühlen und starken körperlichen Reaktionen überwältigt, so als wären Sie tatsächlich bedroht.

Schaffen Sie einen Abstand zu Ihren irrealen Befürchtungen, extremen Grübeleien und Horrorvorstellungen. Gehen Sie auf Distanz zu Ihren negativen Gedanken, indem Sie einen *Beobachterstatus* einnehmen. Sagen Sie sich immer wieder: »Ein Gedanke ist nur ein Gedanke. Eine Vorstellung ist nur eine Vorstellung. Es handelt sich dabei nicht um die Wirklichkeit.« Wenn Sie zwischen Vorstellung und Realität unterscheiden, haben innere Bilder nicht mehr die totale Macht über Sie und Ihr Verhalten.

Wenn es Ihnen hilft, können Sie sich zusätzlich noch sagen: »Es wäre für mich sehr schlimm, wenn sich meine Prüfungsängste bewahrheiten sollten. Aber es sind nur Horrorvorstellungen, die nicht die Realität widerspiegeln. Nur weil ich mir etwas gut vorstellen kann, muss die Befürchtung noch lange nicht eintreffen. Ich nutze alle Chancen, um das bestmögliche Prüfungsergebnis zu erreichen.«

Eine Neubewertung Ihrer negativen Gedanken, wie etwa: »Es ist keine Katastrophe, wenn ich bei der Prüfung durchfalle, dann trete ich eben nochmals an«, ist nur in der Zeit der Prüfungsvorbereitung sinnvoll, nicht jedoch in der unmittelbaren Prüfungsphase. Hier kommt es darauf an, Ihren Arbeitsspeicher ganz auf die Bewältigung der Prüfungsaufgaben auszurichten. Wenn Sie sich von den negativen Gedanken distanzieren, reicht das zu diesem Zeitpunkt aus, um sich voll auf die Prüfungsfrage konzentrieren zu können.

Hilfreich bei der Distanzierung von Ihren negativen Denkmustern ist auch das Bild vom *inneren Kritiker*. Gemeint ist eine innere Stimme, die zu Ihnen spricht, also ein Teil von Ihnen, der jedoch nicht Ihre ganze Person repräsentiert. Sie können dann etwa sagen: »Jetzt bist du wieder da, mein innerer Kritiker. Ich kenne deine Argumente, doch ich mache das, was mir im Moment wichtig ist, um meine Ziele zu erreichen, auch wenn du mir das nicht zutraust.«

ERKENNEN SIE DIE GANZ NORMALEN WÜNSCHE HINTER IHREN PRÜFUNGSANGST-GEDANKEN

Ihre größten Ängste spiegeln Ihre zentralen Wünsche und Werte wider. Hinter jeder Angst steht der Wunsch, dass das Befürchtete nicht eintritt.

HINTER JEDER PRÜFUNGSANGST steht der Wunsch, möglichst gut oder zumindest nicht ganz schlecht zu sein. Das ist ein ganz normales Ziel angesichts einer bevorstehenden Prüfung. Prüfungsangst wird dann zum Problem, wenn die Angst zu versagen viel größer ist als der Wunsch und die Hoffnung, erfolgreich zu sein.

Oft haben ehrgeizige Schüler und Studenten mehr Angst, bei einer Prüfung schlecht abzuschneiden, als jene, die so lernen, dass sie bei der Prüfung gerade noch durchkommen. Es hängt vom jeweiligen Anspruchsniveau ab, was man als schlechte Leistung oder Versagen betrachtet. Der gesellschaftliche Druck, möglichst gut zu funktionieren, wird durch übertriebenen Ehrgeiz, auf keinen Fall versagen zu dürfen, unnötig verschärft.

Welche ganz konkreten *Wünsche* stehen hinter Ihrer Prüfungsangst? Erstellen Sie wieder eine Liste, auf der Sie in der linken Spalte die Art Ihrer Prüfungsangst-Gedanken eintragen und in der rechten Spalte den dahinterstehenden Wunsch.

Einige typische Beispiele sollen Ihnen die Aufgabenstellung erleichtern:

Prüfungsangst-Gedanke	dahinterstehender Wunsch-Gedanke
Ich werde diesmal trotz ausgiebigen Lernens keine gute Note bekommen.	Ich möchte weiterhin die Klassenbeste bleiben.
Ich befürchte, bei dieser schweren Prüfung durchzufallen.	Ich möchte mit der Ausbildung möglichst schnell fertig werden.
Ich fürchte, auch bei dieser Prüfung durchzufallen, wie schon bei anderen Prüfungen vorher.	Ich möchte meine Eltern, die meine Ausbildung finanzieren, nicht mehr enttäuschen.
Ich fürchte mich vor einem Blackout bei der nächsten Prüfung.	Ich möchte bei der Prüfung unbedingt alles so wiedergeben können, wie ich es gelernt habe, ohne durch Nervosität in der Leistungsfähigkeit beeinträchtigt zu sein.
Ich fürchte, dass ich nach der guten schriftlichen Prüfung bei der mündlichen Prüfung schlecht abschneiden werde.	Ich möchte bei der mündlichen Prüfung nicht schwitzen, rot werden, zittern oder stottern, weil ich dann nicht mehr klar denken kann und mich blamiere.
Ich fürchte mich davor, dass mir bei der mündlichen Prüfung die einfachsten Dinge nicht einfallen.	Ich möchte bei der mündlichen Prüfung vor dem Prüfer und den Zuhörern einen möglichst guten Eindruck machen, weil mir Anerkennung sehr wichtig ist und eine Blamage sehr peinlich wäre.

Finden Sie weitere für Sie zutreffende Beziehungen zwischen Ihren Wünschen und Ängsten vor und in Prüfungssituationen. Welche Erkenntnisse haben Sie bei dieser Übung gewonnen? Fällt es Ihnen jetzt leichter, Ihre Prüfungsangst zu akzeptieren und alle Kraft auf das Lernen und den Prüfungserfolg zu konzentrieren?

VERZICHTEN SIE AUF PERFEKTIONISTISCHE ABSICHERUNGSSTRATEGIEN

Perfektionistische Menschen rechnen bei Prüfungen immer mit einer Frage, die sie nicht beantworten können. Sie sind davon überzeugt, dass der Prüfer auf eine Wissenslücke stoßen wird und damit ihre ganze Unfähigkeit entlarvt.

MÖCHTEN SIE JEDER KRITIK UND JEDEM VERSAGEN durch möglichst große Perfektion entkommen? Welchen Preis müssen Sie dafür zahlen, wenn Sie jede freie Minute lernen, nur um eine schlechtere Note zu vermeiden, als Sie sich selbst zugestehen?

Wenn Sie auch die kleinsten Fehler um jeden Preis vermeiden wollen, kostet Sie das nur unnötig viel Energie, die Ihnen dann anderswo fehlt. Zeigen Sie Mut zum Risiko. Das Sprichwort »Wer wagt, gewinnt!« kann auch auf Sie zutreffen.

Die Gefahr, bei einer Prüfung zu scheitern, besteht zumindest an der Universität auch dann noch, wenn Sie gut vorbereitet sind. Vor allem Schüler, die durch hohe Intelligenz oder großen Fleiß im Gymnasium den Prüfungsstoff stets gut lernen und präsentieren konnten, haben im Studium oft Schwierigkeiten, mit dem großen Stoffumfang zurechtzukommen, sodass leicht ein Gefühl des Ungenügens aufkommt, das zu erhöhter Prüfungsangst führen kann.

Wer viel und gut gelernt hat, ist bei schriftlichen Prüfungen oft nicht erfreut über Multiple-Choice-Fragen, die keine gute Überprüfung des Gesamtwissens darstellen. Akzeptieren Sie, dass es sich hier nicht immer um eine faire Prüfung, sondern vor allem um eine Arbeitserleichterung für den Prüfer handelt.

Es ist ganz normal, wenn Sie Prüfungen möglichst gut bestehen möchten, weil Sie Großes vorhaben. Solange Sie perfekt sein möchten, um etwas möglichst gut zu machen, ist das gerade in unserer Leistungsgesellschaft und auch angesichts Ihrer hohen Leistungsstandards durchaus in Ordnung. »Gesunde Perfektionisten« verbinden Misserfolge nicht mit Unfähigkeit, sondern sehen diese als Herausforderung, daraus etwas zu lernen, um es in Zukunft besser zu machen.

In die *Perfektionismus-Falle* tappen Sie erst dann, wenn Sie einen Fehler um jeden Preis vermeiden möchten, weil dieser ein Zeichen von Schwäche oder gar Unfähigkeit wäre. Wie sehr führt ein Fehler bei Ihnen zu Selbstwertzweifeln oder zu Angst vor Kritik durch Ihr soziales Umfeld? Ist Perfektionismus für Sie die einzige Form, Ihr Selbstwertgefühl zu stabilisieren und unangreifbar zu sein? Dann können Sie es sich nie gestatten, in Ihrem Elan nachzulassen oder durch Versuch und Irrtum zu lernen, weil das immer mit möglichen Fehlern einhergehen kann. Hielten Sie Frustration schon als Kind nicht aus? Haben Sie nie gelernt, anders mit Misserfolgen umzugehen als durch die Gegenstrategie der Perfektion?

Erlauben Sie sich, wenn Sie bei der Prüfung Ihr Bestes geben wollen, auch Fehler zu machen oder Schwächen zu zeigen. Dann brauchen Sie den Misserfolg nicht mehr zu fürchten. Sie können sich viel leichter darauf konzentrieren, Ihre Erfolgschancen zu erhöhen, wenn Sie nicht ständig darauf bedacht sein müssen, das Restrisiko von Fehlern auszuschließen.

Kämpfen Sie angesichts einer bevorstehenden Prüfung für den Erfolg und nicht gegen einen Misserfolg. Betrachten Sie jede kritische Rückmeldung als Chance, etwas dazuzulernen, und nicht als Beweis Ihrer Unfähigkeit. Dann können Sie die nächste Gelegenheit nutzen, es besser zu machen. Wenn Sie Ihre Fehler und Schwächen wahrnehmen, anerkennen und so gut wie möglich zu beseitigen versuchen, entziehen Sie Ihrer Angst vor Kritik und Versagen den Boden. Erfolgreich sind Menschen auch wegen ihrer Fähigkeit, trotz Misserfolgen an ihren Zielen festzuhalten.

ENTWICKELN SIE EIN STABILES SELBSTWERTGEFÜHL
Die Prüfungsangst ist umso größer, je mehr das Selbstwertgefühl einseitig auf der geistigen Leistungsfähigkeit beruht.

WAS BEDEUTET ES FÜR SIE, eine schlechte Note zu bekommen oder bei einer Prüfung nicht gut abzuschneiden? Bricht für Sie bei schulischen oder akademischen Misserfolgen gleich eine Welt zusammen?

Ihre Prüfungsangst ist umso größer, je mehr Ihr Selbstwertgefühl einseitig auf Ihrer Leistungsfähigkeit beruht. Stellen Sie Ihr Selbstwertgefühl auf eine breitere Basis: Was sonst macht Sie selbstbewusst und liebenswert – außer der bestmöglichen Leistung in Ausbildung und Beruf?

Ihre Angst, bei der Prüfung zu versagen, können Sie am besten dadurch reduzieren, dass Sie die Note nicht zum alleinigen Kriterium für erfolgreiches Lernen machen. Das Feedback, wie gut Sie sind, sollte bereits während der Lernphase von Ihnen selbst kommen, wenn Sie nach einzelnen Lernabschnitten feststellen, dass Sie den Prüfungsstoff schon gut gelernt und verstanden haben.

Prüfungs- und Versagensängste sind oft Ursache und Folge eines geringen Selbstwertgefühls. In der Psychologie stellt die Bezeichnung *Selbstwertgefühl* den Oberbegriff für zwei Aspekte der Persönlichkeit dar: Selbstwirksamkeit und Selbstachtung.

Selbstwirksamkeit

Hierbei handelt es sich um das Vertrauen in die eigenen Fähigkeiten. Menschen mit hohem Selbstwirksamkeitsglauben erleben sich als stark und kompetent und vertrauen darauf, neue, bisher unbekannte Situationen und Aufgaben erfolgreich meistern zu können. Sie sind geprägt von Zuversicht, Kompetenzgefühl und dem Urvertrauen darauf, dass sie richtig handeln und das Problem lösen können, wenn das Leben sie vor bestimmte Aufgaben stellt. Sie fühlen sich diesen Herausforderungen gewachsen und sind davon überzeugt, dass sie ihre Ziele erreichen werden, soweit sie das mit ihren eigenen Möglichkeiten und Bemühungen beeinflussen können.

Das Vertrauen in die Wirksamkeit unseres Tuns zeigt sich auch in zwischenmenschlichen Beziehungen. Eine hohe soziale Kompetenz im Umgang mit anderen Menschen wird gewöhnlich als *Selbstsicherheit* oder *Selbstbehauptung* bezeichnet.

Menschen mit geringem Selbstwirksamkeitsglauben – einfacher ausgedrückt mit geringem Selbstvertrauen in das eigene Wissen und Können – fürchten sich vor neuen Aufgaben und Situationen, wie etwa Prüfungen. Sie glauben, das, was sie als schwierig empfinden, nicht oder nur schwer bewältigen zu können.

Selbstachtung

Hiermit ist das Vertrauen in den eigenen Wert gemeint. Menschen mit hoher Selbstachtung bejahen und akzeptieren sich selbst so, wie sie sind. Sie sind auch davon überzeugt, dass sie es verdienen, von anderen geschätzt und geliebt zu werden. Wer sich dagegen selbst gering schätzt und minderwertig fühlt, fürchtet sich mit hoher Wahrscheinlichkeit auch davor, von anderen abgelehnt zu werden und keinen guten Eindruck zu hinterlassen.

Neuerdings wird in der Psychotherapie immer häufiger vom *Selbstmitgefühl* und dessen Bedeutung für die psychische Gesundheit gesprochen. Selbstmitgefühl bezeichnet eine annehmende Haltung sich selbst gegenüber und einen verständnisvollen, achtsamen und mitfühlenden Umgang mit den eigenen Fehlern, Schwächen und Missgeschicken, aber auch mit der eigenen Lebensgeschichte. Das Mitgefühl mit unseren Fehlern und Schwächen schützt unser Selbstwertgefühl und stellt eine wichtige Form der Selbstfürsorge dar. Nicht Leistung und Erfolg machen die psychische Stabilität eines Menschen aus, sondern die Fähigkeit, sich selbst liebevoll und warmherzig zu begegnen – trotz Schwächen und Fehlern. Wer seine Ziele nicht gleich erreicht, bleibt sich dennoch wohlgesinnt und unternimmt später einen neuen Versuch.

Selbstmitgefühl ist der Gegenpol zur Scham. Die Akzeptanz der eigenen Person im jeweiligen So-Sein ist das Gegenteil des Gefühls, nicht okay zu sein. Menschen mit Prüfungsangst sind ein Musterbeispiel dafür, wie Scham und Schwächen in Prüfungssituationen dazu führen können, dass man sich anderen gegenüber unterlegen fühlt. Ein höheres Selbstmitgefühl führt nachweislich zu weniger Angst, Stress und Depressionen, weil man mit belastenden Gefühlen, Schwächen und Misserfolgen besser umgehen kann.

Wie gut und stabil ist Ihr Selbstwertgefühl? Könnte Ihre Prüfungsangst mit einem geringen oder unsicheren Selbstwertgefühl zusammenhängen?

Menschen mit einem starken Selbst verzweifeln nicht gleich, wenn sie Misserfolg und Ablehnung erfahren, weil sie trotz Niederlagen und Zurückweisung weiterhin an ihre Fähigkeiten und an ihren Wert glauben, unabhängig von den momentanen Ereignissen und Prüfungsergebnissen. Selbstbewusste Menschen genießen zwar die Anerkennung anderer für ihre Leistungen, sie machen ihr Selbstwertgefühl aber nicht davon abhängig.

Menschen mit einem schwachen oder instabilen Selbstwertgefühl haben kein klares Bild von ihren Stärken und Schwächen. Sie zweifeln leicht an ihren Fähigkeiten, wenn sie vor schwierigen Aufgaben stehen, und resignieren oft schon bei dem Gedanken, es nicht zu schaffen. So lassen sie sich durch Misserfolge wie schlechte Noten leicht entmutigen. Weil sie ihren Selbstwert nicht in sich spüren, sind sie übermäßig abhängig von positiven Rückmeldungen ihres sozialen Umfelds – und entsprechend verletzlich, wenn sie bei Prüfungen Kritik und Versagen hinnehmen müssen.

Selbstwertschwache Menschen möchten ständig bei anderen Menschen – und natürlich auch bei den Prüfern – gut ankommen; sie möchten Misserfolge und Ablehnung um jeden Preis vermeiden. Jede Fremdkritik schlägt deswegen wie eine Bombe ein, weil sie mit entsprechender Selbstkritik einhergeht.

Stellen Sie Ihr Selbstwertgefühl auf andere Säulen, wenn es vom Leistungsaspekt her gerade geschwächt erscheint. In der Psychologie unterscheidet man vier Aspekte des Selbstwertgefühls:

1. *Leistung:*
   Ausbildung, Beruf, Wissen, geistige Fähigkeiten und spezielle Fertigkeiten;

2. *Sozialbeziehungen:*
   Familie, Freunde, Bekannte, soziale Fähigkeiten und Erlebnisse;

3. *körperliche Aspekte:*
   Erscheinungsbild und körperliche Fähigkeiten;

4. emotionales Erleben:

momentane Gefühle und Stimmungen, überdauernde emotionale Grundstimmung, Ausüben von Hobbys und Freizeitaktivitäten, die Spaß machen.

Vergegenwärtigen Sie sich,

▶ welche geistigen Fähigkeiten und Kenntnisse Sie unabhängig von Ihrer schulischen, akademischen oder beruflichen Leistungsfähigkeit aufweisen;

▶ wer Sie unabhängig von Ihren momentanen Leistungen und den Noten der Ausbildung liebt und wertschätzt und was Sie anderen Menschen bedeuten;

▶ was Sie in körperlicher und sportlicher Hinsicht darstellen;

▶ welche Freizeitaktivitäten und Hobbys Ihr Leben mit Sinn und Freude erfüllen und worauf Sie in diesen Bereichen stolz sind.

SCHRITT 7: SELBSTGESPRÄCHE FÜHREN –
SEIEN SIE SICH SELBST IHR BESTER COACH

FÄLLT IHNEN AUF, dass Sie in Lernphasen vor sowie und in Prüfungssituationen in einer Weise mit sich reden, dass Ihre Angst, Furcht und Panik zunimmt statt nachlässt?

Schritt 7 kann Ihnen helfen, sich selbst so zu coachen, wie ein guter Trainer einen Sportler coacht.

COACHEN SIE SICH SELBST DURCH INNERE DIALOGE

Wir führen ständig bewusst oder unbewusst Selbstgespräche und geben uns selbst Anweisungen, was wir tun und lassen sollen. Das ist ganz normal und wird als innerer Dialog bezeichnet.

ACHTEN SIE EINMAL GANZ BEWUSST DARAUF, wie Sie während des Lernens oder vor einer Prüfung mit sich selbst sprechen. Wenn Sie sich ständig kritisieren und herabsetzen, schwächen Sie Ihre Leistungsmotivation und Ihre Konzentrationsfähigkeit, weil Sie sich mit Ihren Schwächen und Problemen beschäftigen, statt sich mit Ihren Möglichkeiten und Stärken auf die bevorstehende Prüfung vorzubereiten.

Aus dem Sport ist bekannt: Wenn Selbstgespräche negativ werden, hat man bereits verloren, obwohl man vom Verhalten her noch gar nicht aufgegeben hat. Bevor die Kräfte nachlassen, sagen potenzielle Verlierer: »Es hat keinen Sinn, ich schaffe das nicht.« Positive Selbstgespräche werden im Sport ganz gezielt eingesetzt, um Motivation und Durchhaltefähigkeit zu stärken.

Auch Spitzensportler haben vor Wettkämpfen latente Versagensängste und quälende Selbstzweifel, doch jene, die sich durch ihre Selbstgespräche aufbauen und ermutigen können, sind dem extremen Leistungsdruck bei Wettkämpfen viel eher gewachsen als jene, die ihre Ängste nicht durch aufbauende Selbstgespräche eindämmen können. Negative Selbstgespräche während des Wettkampfs beeinträchtigen die Leistungsfähigkeit und erhöhen das Risiko für einen Misserfolg.

Selbstgespräche helfen Ihnen, Ihre Gedanken und Gefühle zu ordnen, den inneren Stress abzubauen und Ihre Aufmerksamkeit auf das zu richten, was Ihnen gerade wichtig ist. Wenn Sie sich positive Selbstanweisungen geben, sind Sie leistungsfähiger als sonst. Studierende des Fachs Maschinenbau waren einer Studie zufolge die besseren Konstrukteure, wenn sie bei der Arbeit vermehrt innere Dialoge führten und sich selbst durch Fragen motivierten. Reden Sie mit sich selbst so, wie Sie von anderen angesprochen werden möchten. Führen Sie während der Vorbereitung und in der aktuellen Prüfungssituation motivierende Selbstgespräche und coachen Sie sich selbst, wie dies ein guter Trainer mit Ihnen tun würde. Ein Coach würde Sie anfeuern, Ihnen Mut machen und Sie trotz Niederlagen zum Weitermachen motivieren. Wie konstruktiv und aufbauend sind Ihre Selbstgespräche?

Sie können sich bei Ihren Selbstanweisungen in der Du-Form anreden: »Du hast dich auf die Prüfung gut vorbereitet und wirst sie jetzt auch schaffen. Lies die Aufgabenstellung zuerst einmal so durch, dass sich dabei deine Lippen bewegen, dann bist du voll konzentriert und ganz bei der Sache. Richte deine ganze Aufmerksamkeit auf die Aufgabenstellung und auf nichts sonst – nicht auf deine Gedanken und Zustände, nicht auf die möglichen Reaktionen der anderen. Wenn bestimmte Gedanken dich ablenken, kehre so gut wie möglich zur Aufgabenstellung zurück. Bearbeite eine Aufgabe nach der anderen. Nimm wahr, was du schon geschafft hast, und freue dich über das erreichte Teilziel. So wirst du auch die nächste Aufgabenstellung bewältigen und zügig vorankommen.«

STÄRKEN SIE SICH DURCH AUTOSUGGESTIONEN

Autosuggestionen sind markante Sätze, die man sich selbst sagt, um sich für ein bestimmtes Ziel zu motivieren.

SPEICHERN SIE – vor allem im Zustand der Entspannung – bestimmte *Vorsätze, Autosuggestionen* und *selbsthypnotische Anweisungen* im Unterbewussten ab. Derartige Selbstanweisungen werden beim autogenen Training *formelhafte Vorsatzbildung* genannt.

Verbale Suggestionen sollten positiv, kurz, prägnant, gegenwartsbezogen, realistisch und glaubhaft formuliert sein, sodass Sie sich die Sätze wörtlich ins Gedächtnis einprägen können, am besten speichern Sie die Autosuggestionen auch auf Karteikarten und als Sprachnotizen, um sie immer wieder ansehen und anhören zu können. Die jeweiligen Affirmationen zur Selbstbestätigung sollten nicht nur Ihren Verstand, sondern auch Ihre Gefühle ansprechen, um einen hohen Motivationscharakter zu erreichen, und am besten täglich mehrfach über den Tag verteilt wiederholt werden.

In Ausnahmefällen funktionieren auch negativ formulierte Sätze, wenn sie mit einer hohen emotionalen Beteiligung einhergehen, wie etwa: »Ich lasse mich von meiner Angst nicht unterkriegen«; »Ich lasse mich durch den Prüfer nicht einschüchtern«; »Ich lasse mich durch Schwierigkeiten und Probleme nicht verunsichern.«

Typische Beispiele für hilfreiche Selbstinstruktionen und Verbalsuggestionen sind:

▶ »Ich trete zur nächsten Prüfung auf jeden Fall an.«
▶ »Ich schaffe die Prüfung. Ich habe ausreichend gelernt und bin gut vorbereitet.«
▶ »Ich werde die Prüfung gleich beim ersten Antreten bestehen.«
▶ »Ich will die Prüfung schaffen, denn ich kann sie schaffen.«
▶ »Ich kann, will und schaffe alles, was mir bevorsteht.«

- »Ich lerne so viel wie möglich, das reicht. Und wenn es nicht reicht, kann ich es auch nicht ändern.«
- »Ich gebe mein Bestes, mehr kann ich nicht tun.«
- »Ich werde allen zeigen, was ich kann.«
- »Ich stelle mich meiner Prüfungsangst, dann wird die Angst mich zum Lernen beflügeln.«
- »Ich kann auch mit Angst etwas leisten und werde die Prüfung bestehen.«
- »Eine bestandene Prüfung ist meine Chance zum raschen Ausbildungsabschluss.«
- »Ich konzentriere mich beim Lernen voll und ganz auf die Aufgabe, alles andere ist gleichgültig.«
- »Ich konzentriere mich bei der Prüfung ganz auf die Frage, alle anderen Gedanken sind gleichgültig.«
- »Ich erledige die Aufgabe, ohne das Ergebnis zu bewerten.«
- »Ich bleibe ganz im Hier und Jetzt, ohne in die Vergangenheit oder Zukunft abzuschweifen.«
- »Ich weiß, was ich bin und was ich kann.«
- »Ich habe viel gelernt und trete selbstbewusst auf.«
- »Ich spüre, dass ich auf dem richtigen Weg bin.«
- »Nur das Lernen und die Prüfung sind wichtig, alle Körpersymptome sind gleichgültig.«
- »Ich mache das Beste daraus, wenn ich das Pensum nicht ganz schaffe.«
- »Ich trete bei der Prüfung ruhig und sicher auf, denn ich habe ausreichend gelernt.«

Üben Sie diese hilfreichen Selbstanweisungen so intensiv wie möglich, damit sie in Stresssituationen, in denen Sie leicht wieder in Ihre alten und wenig hilfreichen Denkmuster zurückfallen können, verlässlich wirken.

ENTWICKELN SIE WENN-DANN-PLÄNE

Unerwartete Situationen können leicht zu panikartigen Zuständen führen. Es ist daher hilfreich, durch verschiedene Selbstinstruktionen erwünschte Reaktionen einzuüben.

BEREITEN SIE SICH AUF MÖGLICHE BELASTUNGSSITUATIONEN während der Prüfung durch *Wenn-dann-Pläne* vor und halten Sie sich dafür spezielle Anweisungen bereit, wie etwa:

▶ »Wenn ich einen Blackout bekomme, sage ich einfach etwas Belangloses, um aktiv zu bleiben.«

▶ »Wenn ich eine Panikattacke bekomme, bewege ich mich ein wenig und atme durch leicht geschlossene Lippen ganz langsam aus.«

▶ »Wenn ich ängstlich werde, sage ich mir: ›Meine Angst und Aufregung sind ganz normal, ich kann die Prüfung trotzdem erfolgreich bewältigen.‹«

▶ »Wenn ich am Prüfungstag in die Schule komme, halte ich mich von allen fern, die über den Prüfungsstoff reden, um mich nicht nervös machen zu lassen.«

FÜHREN SIE EINEN INNEREN DIALOG MIT EINEM MENTALEN BEGLEITER

Sie können innerlich nicht nur mit sich selbst, sondern auch mit einer Vertrauensperson sprechen, deren wohlwollende Unterstützung Ihnen Kraft und Zuversicht gibt.

EIN MENTALER BEGLEITER, wie etwa ein wohlwollender Vater, ein guter Freund oder eine liebe Freundin, kann Sie auf dem Weg zur erfolgreichen Ablegung der Prüfung innerlich begleiten. Dann fühlen Sie sich möglicher Kritik von außen nicht so ausgeliefert und halten bei der Prüfung die ängstliche Frage besser aus, was der Prüfer und die Zuhörer denken könnten.

Eine solche Unterstützung durch einen mentalen Begleiter vermittelt Ihnen Geborgenheit in der unsicheren Situation der Prüfung und erleichtert Ihnen auch die Konzentration auf die konkrete Aufgabenstellung. Sagen Sie sich dann Sätze wie:»Der Prüfer weiß nicht, was ich kann. Meine Eltern und mein Partner haben gesehen, wie gut ich gelernt habe, und trauen mir den Erfolg bei der Prüfung zu. Durch ihr Vertrauen in mich werde ich es bestimmt schaffen, auch wenn ich selbst daran zweifle.«

Nutzen Sie die reale oder fiktive Möglichkeit eines Coachings durch einen Freund oder Angehörigen auch in der Zeit der Prüfungsvorbereitung. Berichten Sie dieser Person tatsächlich oder in der Vorstellung regelmäßig von Ihren Lernfortschritten. Wenn Sie einer Vertrauensperson davon erzählen, halten Sie sich Ihre Lernerfolge letztlich selbst immer wieder vor Augen und stärken damit Ihre Motivation für den weiteren Lerneinsatz.

COACHEN SIE SICH MIT DER MEMO-FUNKTION IHRES HANDYS

Ihre eigene Stimme auf dem Handy kann Ihr bester Coach sein, wenn Prüfungsangst, Zweifel und Unsicherheit Sie überfallen.

BEREITEN SIE SICH AUF BELASTENDE SITUATIONEN in der Zeit der Prüfungsvorbereitung sowie unmittelbar vor einer Prüfung mithilfe eines Memos vor, das Sie in einer guten Phase mit Ihrem Handy selbst erstellt haben. Hören Sie dann im Bedarfsfall Ihre eigenen Worte zur Unterstützung und Ermutigung an.

Sie können den Text spontan formulieren oder, wenn Ihnen das leichter fällt, vorher aufschreiben und dann aufnehmen. Gestalten Sie den Text so, dass Sie einerseits Ihre belastenden Gedanken und

Gefühle ansprechen und andererseits Ihre Aufmerksamkeit auf das richten, was Sie erreichen könnten.

Ein typisches Beispiel ist folgende Selbstinstruktion per Handy-Memo: »Prüfungsangst in dieser Situation ist ganz normal, bei mir eben nur stärker ausgeprägt. Ich konzentriere mich ganz auf das, was ich jetzt tun soll. Ich gebe mein Bestes und vertraue auf meine gute Prüfungsvorbereitung.«

SCHRITT 8: BEFINDLICHKEIT AKZEPTIEREN – GEFÜHLE UND GEDANKEN MÜSSEN NICHT IHR HANDELN BESTIMMEN

HABEN SIE ANGESICHTS VON BEVORSTEHENDEN PRÜFUNGEN so große Angst und Furcht, sodass sich heftige körperliche Symptome zeigen? Oder schaukeln sich Angst und Körpersymptome gegenseitig hoch? Schritt 8 kann Ihnen helfen, besser mit Ihren körperlichen Angstsymptomen zurechtzukommen.

NEHMEN SIE IHRE KÖRPERSYMPTOME ACHTSAM WAHR

Menschen mit Prüfungsangst interpretieren ihre Körpersymptome oft irrtümlich als Ausdruck unzureichender Leistungsfähigkeit.

SELBST GUTE SCHÜLER UND STUDENTEN schließen von ihren körperlichen Symptomen oft auf angeblich vorhandene Leistungsschwächen – nach dem Motto: »Wenn ich genug gelernt hätte und den Prüfungsstoff gut beherrschen würde, wäre ich nicht so nervös.« Nehmen Sie Ihre Körpersymptome einfach nur wahr, ohne sie zu bewerten oder daraus irgendwelche Schlussfolgerungen zu ziehen.

Beobachten Sie Ihre momentanen körperlichen Reaktionen aus einer gewissen Distanz wie ein interessierter Wissenschaftler, der alle auftretenden Symptome einfach nur wahrnimmt, ohne sie zu beurteilen. Wie schlägt Ihr Herz? Wie geht Ihr Atem? Was spüren Sie im Magen, im Brustkorb, im Kopf, in Armen und Beinen? Bleiben Ihre Körperempfindungen gleich oder verändern sie sich? Gibt es unterschiedliche Empfindungen in der rechten und der linken Körperhälfte? Verweilen Sie mit Ihrer Aufmerksamkeit bei den momentanen Körperreaktionen, bleiben Sie ganz im Augenblick und lassen Sie ohne Widerstand zu, was gerade passiert. Dann werden Ihre Körperempfindungen schneller abklingen, als Sie glauben.

Ihre Angst lebt davon, dass Sie sich ausmalen, was im schlimmsten Fall passieren könnte, wenn Sie Ihre Körpersymptome nicht in den Griff bekommen. Bleiben Sie ganz in der Gegenwart, im Hier und Jetzt, und beobachten Sie ohne einzugreifen, was gerade in Ihrem Körper geschieht.

Das ist eines der Geheimnisse erfolgreicher Angstbewältigung: Wenn Sie sich Ihrem Körper zuwenden können, ohne sich vor den aufkommenden Symptomen zu fürchten und ohne dagegen anzukämpfen, können Sie sich auch leichter wieder davon abwenden und sich stattdessen dem intensiv zuwenden, was Ihnen am wichtigsten ist, nämlich das Lernen und der Erfolg bei der Prüfung.

Hinter einer derartigen Haltung steht das *Konzept der Achtsamkeit*, das in der Behandlung von Prüfungsangst zunehmend an Bedeutung gewinnen dürfte. Unter »Achtsamkeit« versteht man, wie bereits erwähnt, das nicht wertende, bewusste Erleben des Augenblicks. Dabei nehmen Sie Ihre Gedanken, Vorstellungen, Gefühle und körperlichen Zustände im Hier und Jetzt einfach nur wahr, ohne sie verändern zu wollen, aber auch ohne sich davon überwältigen zu lassen.

In vielen Büchern über Prüfungsangst wird der Aspekt der *Kontrolle* sehr betont, und zwar nach dem Motto: »Wenn Sie störende Gedanken, Gefühle und Körpersymptome im Griff haben, werden Sie besser lernen und bessere Prüfungsergebnisse erreichen.« Das kann neuen Stress verursachen, wenn es Ihnen nicht oder nicht so gut gelingt, Ihre unangenehmen Zustände unter Kontrolle zu bekommen.

Verschiedene Entspannungstechniken, gezielte Strategien der Ablenkung von den Körpersymptomen und eine Neubewertung der negativen Denkmuster, wie sie auch in diesem Ratgeber vorgeschlagen werden, können im Vorfeld ausgesprochen hilfreich sein. Bei großem Stress in der Zeit der Prüfungsvorbereitung und vor allem auch kurz vor und während der Prüfung ist es besser, die vorhandenen Körperempfindungen, Gedanken und Gefühle einfach nur wahrzunehmen und zuzulassen, ohne sie kontrollieren zu wollen, und sich gleichzeitig auf die konkrete Aufgabenstellung zu konzentrieren.

NEHMEN SIE IHRE GEFÜHLE ACHTSAM WAHR

Schüler und Studenten mit Prüfungsangst erleben vor Prüfungen oft eine Vielzahl unterschiedlicher Gefühle.

WELCHE UNANGENEHMEN GEFÜHLE außer Angst sind typisch für Ihre seelische Befindlichkeit in der Zeit der Prüfungsvorbereitung und kurz vor der Prüfung? Lassen Sie diese Gefühle zu, ohne sie unterdrücken oder ändern zu wollen.

Häufig handelt es sich um Gefühle der *Unsicherheit, Ohnmacht, Hilflosigkeit* oder *Verärgerung*. Eine Prüfung ist ein Ereignis, das Hilflosigkeit auslöst. Jede Situation, die man nicht beeinflussen kann, bewirkt ein Gefühl des Ausgeliefertseins oder des Ärgers über Umstände, die nicht zu ändern sind.

Ganz gleich, ob Angst, Furcht oder andere unangenehme Gefühle: Alle intensiven Gefühle werden von starken körperlichen Reaktionen begleitet. Damit man sie bewältigen kann, müssen sie zuerst wahrgenommen und ganz intensiv gefühlt werden, denn sie sind Botschaften an die eigene Person und an die Mitmenschen.

Gefühle haben einen *Signalcharakter*. Sie geben uns Auskunft über unsere Befindlichkeit und möchten uns auf etwas aufmerksam machen. Wenn wir diese Zeichen nicht erkennen, bleiben sie als Warnsignal weiterhin bestehen und führen zu Unruhe und chronischer körperlicher Verspannung.

NEHMEN SIE IHRE GEDANKEN UND VORSTELLUNGEN ACHTSAM WAHR

Menschen mit Prüfungsangst haben typische Gedanken und Vorstellungen, die ihre Angst auslösen oder verstärken. Das Problem dabei sind jedoch nicht die Gedanken an sich. Problematisch ist vielmehr die Überzeugung, dass die auftretenden Gedanken berechtigt sind, denn sie beeinflussen das Verhalten.

ANGESICHTS IHRER NEGATIVEN GEDANKEN müssen Sie in Leistungssituationen nicht krampfhaft positiv denken oder gar das negative Denken unterdrücken. Sie müssen auch Ihre negativen Gedanken nicht immer in positive umformulieren, zumindest nicht in der Stresssituation der intensiven Prüfungsvorbereitung oder während der Prüfung.

Lassen Sie beim Lernen alle spontan auftretenden Gedanken, Bilder und lebhaften Szenarien vom Versagen zu, ohne dagegen anzukämpfen, denn das würde nur viel Energie binden und Ihre Konzentration auf den Prüfungsstoff beeinträchtigen.

Jede Unterdrückung von Gedanken und Gefühlen nach dem Motto: »Denke nicht an einen rosaroten Elefanten« hält die unerwünschte Vorstellung erst recht in Ihrem Bewusstsein fest. Entwickeln Sie vielmehr die Fähigkeit, sich von Ihren Angst machenden Gedanken und Gefühlen zu distanzieren, die Ihre Aufmerksamkeit ständig auf das Scheitern ausrichten statt auf die Vorbereitung von Erfolg. Lassen Sie Ihre Angst machenden Gedanken und Vorstellungen vorbeiziehen wie die Wolken am Himmel.

Hilfreich sind folgende Selbstgespräche in der Zeit der Prüfungsvorbereitung und während der Prüfung: »Ich habe gerade den Gedanken, bei der Prüfung durchzufallen, und ich spüre Gefühle von Angst und Hilflosigkeit. Am liebsten würde ich die Prüfung absagen, verschieben oder abbrechen, aber ich konzentriere mich dennoch so gut wie möglich auf mein Ziel, die Prüfung gleich beim ersten Mal zu schaffen.«

AKZEPTIEREN SIE IHRE PRÜFUNGSANGST

Das Problem ist nicht die Angst vor einer wichtigen oder schweren Prüfung, sondern die Unfähigkeit, damit angemessen umzugehen.

AKZEPTIEREN SIE IHRE ANGST, bei der Prüfung zu versagen oder nicht gut genug zu sein. Machen Sie sich bewusst: *Sie können auch mit großer Angst sehr erfolgreich sein.* Ihre Prüfungsangst muss nicht erst verschwinden, bevor Sie bei einer Prüfung erfolgreich sein können.

Ihre körperlichen Symptome spiegeln nur die Bedeutung wider, die Sie der bevorstehenden Prüfung beimessen, sie sagen aber nichts über Ihre Leistungsfähigkeit aus. Diese Leistungsfähigkeit während der Prüfung wird gerade dann beeinträchtigt, wenn Sie sich ständig mit Ihrer Prüfungsangst und deren Abbau beschäftigen statt mit den konkreten Prüfungsanforderungen.

Akzeptieren Sie einerseits Ihre Versagensangst und lernen Sie andererseits so viel wie möglich, um die Prüfung zu bestehen. Angst ist keine Schwäche. Es ist eine Stärke, Angst zulassen zu können – im Vertrauen darauf, dass Sie trotz Angst vor Versagen bei der Prüfung erfolgreich sein können. Das hilfreiche Gegenteil von Angst ist nicht »keine Angst«. Was hilft, sind Zuversicht und

Vertrauen in Ihre Fähigkeiten sowie Mut und Kampfbereitschaft angesichts möglicher Schwierigkeiten.

Dämpfen Sie Ihre Prüfungsangst weder mit Alkohol noch Beruhigungsmitteln, sondern lassen Sie Angst und Nervosität zu, während Sie sich auf die konkrete Aufgabenstellung konzentrieren und nicht auf die Angst und Ihre Körpersymptome.

Treten Sie in einen *inneren Dialog* mit Ihrer Prüfungsangst. Stellen Sie sich die Prüfungsangst wie einen Teil Ihrer Persönlichkeit vor. Vergegenwärtigen Sie sich daneben Ihren mutigen Teil und lassen Sie diese beiden Teile miteinander in einen Dialog treten.

Sagen Sie beispielsweise als Ihr mutiger Teil zu Ihrem ängstlichen Teil:»Du bist wie mein Schatten, du kannst mich überallhin begleiten, doch ich bestimme den Weg. Du kannst als mein weiser Begleiter in allen Situationen dabei sein. Ich werde jedoch erst dann auf dich hören, wenn ich dich wirklich brauche, nämlich dann, wenn ich tatsächlich in Gefahr bin, mich zu übernehmen.«

Sie können den Dialog zwischen Ihrer Angst und Ihrem Mut auch so führen, dass Sie zwei Stühle verwenden. Setzen Sie sich als ängstlicher Teil, als Prüfungsangst, auf den einen Stuhl und sagen Sie alles ganz frei heraus, was Sie fürchten angesichts der bevorstehenden Prüfung. Setzen Sie sich dann als Ihr mutiger Teil auf den anderen Stuhl und sagen Sie Ihrem ängstlichen Teil, warum die Prüfung doch gut gehen wird. Wechseln Sie dann wieder in die ängstliche und skeptische Position, schließlich wieder in die mutige und zuversichtliche Position.

Sie können diesen Dialog auch als Sprachnotiz mit Ihrem Handy aufnehmen und später anhören, wenn sich die Stimme Ihrer Prüfungsangst meldet, damit der mutige Teil Ihr weiteres Handeln bestimmt.

LERNEN SIE DEN ERFOLGREICHEN UMGANG MIT PANIKATTACKEN

Menschen mit Prüfungsangst und sozialen Ängsten können von belastenden Panikattacken überfallen werden. Sie haben dabei meist keine Todesangst, sondern leiden vor allem unter der Befürchtung, den Körper nicht unter Kontrolle zu haben.

FURCHT KANN SICH BIS ZUR PANIK AUFSCHAUKELN, bis hin zu einer *Panikattacke.* Dabei fühlen Sie sich zum Zerreißen angespannt. Ihr Herz rast, Ihre Atmung ist beschleunigt, Beklemmungsgefühle erfassen Sie, Hitzegefühle steigen auf, Schweißausbrüche und plötzliche Übelkeit plagen Sie, unangenehmer Schwindel überfällt Sie, als würden Sie gleich umfallen. Vielleicht können Sie kurzfristig auch nicht klar denken, sich nicht ausreichend konzentrieren und nicht überlegt handeln. Ihr Denken und Handeln kann kurzfristig blockiert sein.

Wegen der an sich harmlosen, subjektiv jedoch als sehr bedrohlich erscheinenden Symptome haben viele Betroffene anfangs Todesangst. Sie schließen vom Herzrasen auf einen Herzinfarkt, von der Enge in der Brust auf bedrohliche Erstickungsgefühle, von dem Schwindelanfall auf eine Hirnerkrankung, von der mangelnden Klarheit des Verstandes auf drohendes Verrücktwerden.

Panikattacken sind völlig ungefährlich. Man kann daran nicht sterben. Bei jeder sportlichen oder sonstigen körperlichen Betätigung wird unser Körper viel stärker beansprucht, doch in diesen Situationen erleben wir unsere Körperempfindungen als völlig normal. Dagegen verstehen wir nicht, was los ist, wenn der Körper in Ruhephasen so»durchdreht«.

Eine Panikattacke ist ein *Fehlalarm mit einem heftigen Adrenalinstoß*, weil die emotionalen Zentren Ihres Gehirns vorschnell eine akute Bedrohung registrieren, obwohl objektiv gar keine Gefahr besteht. Sie werden dabei völlig von Ihrem Säugetierhirn, von Ihrem *limbischen System* gesteuert, das auf Kampf oder Flucht zum Zweck des Überlebens programmiert ist. Sie sind massiv angespannt und gleichzeitig völlig erstarrt.

Bei einem Auto würde man sagen: Sie treten das Gaspedal durch bei gleichzeitiger Vollbremsung. Ihr Frontalhirn, das für Denken, Planen und Handeln zuständig ist, wird kurzfristig außer Kraft gesetzt. Schuld daran ist das Programm des Urmenschen in uns, das noch immer so funktioniert, als ginge es bei einer Prüfung um unser Überleben.

Menschen haben – wie Tiere – bei akuter Bedrohung vier Reaktionsmöglichkeiten: Kampf, Flucht, Ohnmacht und Erstarren. Bei einer Panikattacke gibt unser Körper Vollgas mithilfe des sympathischen Nervensystems, das uns aktiviert, während gleichzeitig die Bremse eingelegt wird durch das parasympathische Nervensystem, das an sich für Entspannung und Regenerierung zuständig ist. Dieser kurzfristige Zustand entspricht dem biologischen Programm der Erstarrung. Wenn Sie aus der Klasse oder dem Hörsaal laufen, haben Sie sich von Ihrem Fluchtmechanismus steuern lassen.

Eine *Panikattacke* setzt plötzlich mit heftigen körperlichen Symptomen ein. Sie tritt entweder unerwartet auf, also spontan ohne sichtbare äußere Ursachen, oder erwartet, und zwar angesichts bestimmter gefürchteter Situationen. Durch die ängstliche Erwartung einer Bedrohung – in diesem Fall eine bedrohlich wirkende Prüfung – wird ein solcher Angstanfall begünstigt. Eine Panikattacke dauert meistens nur einige Minuten bis zu maximal eine halbe Stunde.

Durchbrechen Sie Ihre Erstarrung durch körperliche Aktivität, um die Anspannung abzubauen. Atmen Sie langsam aus, um auf diese Weise den inneren Druck abzulassen und die muskuläre Verspannung zu vermindern. Reden Sie während der Prüfung einfach drauflos, statt zu verstummen, denn so lösen Sie die Erstarrung, auch wenn Sie noch nicht präzise formulieren können, was Sie eigentlich sagen möchten.

Beim Sprechen ist immer Ihre Großhirnrinde, Ihr spezifisch menschliches Gehirn in Aktion. Sie bildet ein Gegengewicht zu der emotionalen Aktivierung im limbischen System, Ihrem Säugetierhirn, das vorschnell panisch reagiert. Mit Worten und positiven inneren Selbstgesprächen können Sie rasch wieder die Kontrolle über Ihr Verhalten zurückgewinnen.

Eine Panikattacke hat nur deshalb Macht über Sie, weil Sie sich davor fürchten. Wenn Sie mit Panikattacken nicht umgehen können, leben Sie bald in ständiger Angst davor. Kämpfen Sie nicht aktiv gegen eine Panikattacke an, um sie zu verhindern oder abzuschwächen. Sie verstärken dadurch nur Ihre Anspannung. Lassen Sie die Attacke kommen und von allein wieder gehen. Vergleichen Sie eine Panikattacke mit einer Meereswelle, die auf Sie zukommt. Wenn Sie mit der Welle mitgehen, statt dagegen anzukämpfen, sind Sie bald obenauf.

Vertrauen Sie darauf, dass Sie bald wieder einen klaren Kopf haben werden. Lernen Sie weiterhin so gut wie möglich – trotz Ihrer Furcht zu versagen. Sagen Sie trotz Panik keinen Prüfungstermin ab, fliehen Sie in Ihrer Panik auch nicht aus der Prüfungssituation.

Bedenken Sie: Jeder gesunde Mensch kann im größten Stress oder danach eine heftige Panikattacke bekommen. Das Problem ist nicht die Panikattacke an sich, sondern die Unfähigkeit, damit umgehen zu können.

Wenn Sie Panikattacken fürchten, weil Sie damit nicht zurechtkommen, empfehle ich Ihnen mein Buch aus dem gleichen Verlag: »Endlich leben ohne Panik. Die besten Hilfen bei Panikattacken«, zusätzlich auch die gleichnamige App.

SCHRITT 9: DEN ERNSTFALL DURCHSPIELEN – MENTALES TRAINING IST DIE BESTE VORBEREITUNG

STEIGEN IHRE PRÜFUNGSANGST UND IHRE NERVOSITÄT stark an, je näher die Prüfung kommt?

Schritt 9 kann Ihnen helfen, sich so darauf vorzubereiten, dass Ihre Erwartungsängste ab- und Ihre Erfolgserwartungen zunehmen.

NUTZEN SIE MENTALES TRAINING ZUR PRÜFUNGSVORBEREITUNG

Mentales Training wurde zuerst im Sport eingesetzt, um über das körperliche Training hinaus die Leistungsfähigkeit zu steigern.

DURCH DIE BILDHAFTE VORSTELLUNG von Bewegungsabläufen lässt sich über das Gehirn eine Verbesserung der sportlichen Fertigkeiten erreichen. Man kann mental Verhaltensweisen einüben, die man in der Realität gar nicht oft genug trainieren kann, weil man sonst bald erschöpft wäre, man kann sich auf diese Weise aber auch auf selten auftretende Ereignisse vorbereiten, um dann rascher reagieren zu können, zum Beispiel in Gefahrensituationen.

Der Sieg wird im Spitzensport immer mehr zur Kopf-Sache erklärt. Eine gute Psyche gilt als Voraussetzung für körperliche Höchstleistungen. »Mental stark sein« lautet das zentrale Motto.

Heutzutage ist mentales Training eine Kombination von Vorstellungsübungen unter Entspannung in Verbindung mit positiven Selbstgesprächen. Mentales Training hat einen Vorteil gegenüber positiven Autosuggestionen: Sie transportieren Ihre Botschaft nicht nur verbal, sondern Sie stellen sich etwas bildlich vor, wie etwa den Erfolg bei einer Prüfung. Was Sie sich gut vorstellen können, halten Sie auch für leichter erreichbar als das, was Sie sich »nicht einmal im Traum« vorstellen können.

Mentales Training wirkt wie eine Art Selbsthypnose. Es ist ein *geistiges Probehandeln*, bei dem Schritt für Schritt neue Verhaltensweisen eingeübt und bereits gelernte Reaktionsweisen optimiert werden.

Nutzen Sie Ihre Vorstellungskraft dazu, verschiedene Erfolgsszenarien zu entwickeln. Stellen Sie sich vor, wie die Prüfung erfolgreich abläuft, genau nach Ihren Wünschen. Spielen Sie möglichst lebensnah durch, wie Sie von Angst überflutet werden, sich aber dennoch auf die Prüfungsaufgabe beziehungsweise den Prüfer konzentrieren können.

Vergegenwärtigen Sie sich die Prüfungssituation mit Ihrer ganzen Vorstellungskraft. Was sehen, hören und spüren Sie? Welche Reaktionen Ihrerseits fürchten Sie? Welche Probleme könnten auftreten und was könnten Sie diesbezüglich tun? Welche Fragen könnten gestellt werden, die Sie vielleicht verunsichern? Wie können Sie besser damit umgehen lernen? Wenn Sie sich mental mit möglichen Problemen auseinandersetzen, können Sie in der Vorstellung eine Lösung finden und treten zuversichtlicher zur Prüfung an.

Visualisieren Sie Ihren Erfolg bei der Prüfung mit allen damit verbundenen Emotionen und körperlichen Zuständen. Wenn Sie den Erfolg bereits vor Augen haben, können Sie wirklich fest daran glauben. Diese mentalen Übungen gelingen noch leichter im Zustand der Entspannung. Welche Entspannungsmethode könnte Ihnen dabei helfen?

TRAINIEREN SIE FÜR MÜNDLICHE PRÜFUNGEN MIT ROLLENSPIELEN

Rollenspiele sind eine gute Möglichkeit, sich auf die Ernstsituation einer mündlichen Prüfung vorzubereiten.

ÜBEN SIE NEBEN DER INHALTLICHEN VORBEREITUNG bei mündlichen Prüfungen auch, Ihr Wissen in Form von *Rollenspielen* zu präsentieren. Bitten Sie Angehörige oder Kommilitonen, sowohl die Rolle des Prüfers als auch die der Zuhörer zu übernehmen. Stellen Sie die Prüfungssituation möglichst realistisch nach und spielen Sie den Ablauf in verschiedenen Varianten durch.

Machen Sie sich vorher bewusst, was genau Sie eigentlich fürchten, was Sie deshalb üben und wie Sie sich darauf vorbereiten möchten. Sammeln Sie bereits bei diesem »Trockentraining« positive Erfahrungen, was die fachliche, aber auch die persönliche Präsentation betrifft. Achten Sie dabei auf den Blickkontakt, auf eine sichere und laute Stimme und eine aufrechte Körperhaltung, die Ihre Selbstsicherheit ausdrückt.

Trainieren Sie für die Prüfung auch allein, indem Sie sich selbst genau jene Fragen stellen, die Sie am meisten fürchten. Üben Sie vor dem Spiegel oder nehmen Sie sich selbst mit einer Kamera auf, um danach Ihren Auftritt zu analysieren und zu optimieren.

Besorgen Sie sich zur besseren Prüfungsvorbereitung Informationen über den Prüfungsablauf. Nehmen Sie an Prüfungen von Studienkollegen teil. Auf diese Weise können Sie sich besser auf den Prüfungsablauf vorbereiten und Ihr bisheriges Wissen überprüfen. Als Schüler können Sie auch Schularbeiten und Prüfungsfragen aus früheren oder anderen Klassen bearbeiten – als eine Art Testprüfung.

BAUEN SIE EINE GUTE BEZIEHUNG ZUM PRÜFER AUF

Bei mündlichen Prüfungen kann die Art der Beziehung zum Prüfer einen negativen Einfluss auf das Prüfungsergebnis haben.

MÜNDLICHE PRÜFUNGEN werden oft mehr gefürchtet als schriftliche. Das hat nicht nur mit der ungewohnten Präsentationssituation zu tun, sondern auch mit der Art und Weise, wie man die Beziehung zum Prüfer erlebt. Emotionale Aspekte, wie etwa fehlende Sympathie oder das Bedürfnis nach Anerkennung und Bestätigung, beeinflussen die Situation einer mündlichen Prüfung oft mehr als der Umstand, dass der Wissensstand in einem bestimmten Fachgebiet abgefragt wird.

Überprüfen Sie, von welchen positiven und negativen Gefühlen Ihre Beziehung zum Prüfer geprägt ist, und zwar nicht erst angesichts der Prüfung, sondern schon vorher in der gesamten Ausbildung. Fragen Sie sich, welchen Einfluss diese Gefühle auf Ihre Prüfungsangst und Ihr Verhalten in der Prüfungssituation haben könnten. Auf diese Weise können Sie sich von ungünstigen Beziehungsmustern befreien, eine sachliche und nüchterne Beziehung zum Prüfer aufnehmen und sich wieder mehr auf die Prüfungssituation und den Stoff konzentrieren.

Haben Sie aus irgendwelchen Gründen Angst vor einem bestimmten Prüfer? Dann sollten Sie alle Möglichkeiten des persönlichen Kontakts nutzen, statt diesen zu vermeiden. Zeigen Sie im Unterricht oder während der Vorlesung Interesse, indem Sie Fragen zum Prüfungsstoff stellen, statt sich möglichst unauffällig zu verhalten. Suchen Sie außerhalb der Veranstaltung Kontakt zum Prüfer, um zusätzliche Sachfragen zu stellen oder Details zu besprechen, für die während der Veranstaltung zu wenig Zeit war.

Fühlen Sie sich dem Prüfer ausgeliefert und haben Sie das Gefühl, von seiner Willkür und Launenhaftigkeit abhängig zu sein? Erleben Sie den Prüfer wie einen strengen Elternteil, dem Sie nie alles recht machen können? Belastet Sie das Machtgefälle zwischen dem Prüfer und Ihnen? Dann sollten Sie sich Ihre fachliche Kompetenz bewusst machen und sich vor Augen halten, dass Sie sich auf die Prüfung gut vorbereitet haben. Je mehr Sie davon überzeugt sind, so viel gelernt zu haben, dass Sie die Prüfung zumindest bestehen müssten, desto selbstbewusster werden Sie auftreten, ohne dabei überheblich zu wirken.

Machen Sie sich deutlich: Sie möchten die bevorstehende Prüfung bestehen, um im Leben weiterzukommen und Ihre beruflichen Ziele verwirklichen zu können. Konzentrieren Sie sich daher auf das, was Sie erreichen möchten, nämlich auf den positiven oder möglichst guten Abschluss der Prüfung. Sie werden umso mehr zum aktiven Gesprächspartner des Prüfers, je mehr Sie sich auf Ihr Fachwissen konzentrieren, das Sie so gut wie möglich darbieten. Achten Sie in erster Linie auf die Präsentation Ihres Fachwissens und nicht so sehr auf die Reaktionen Ihres Prüfers.

Möchten Sie vom Prüfer besonders geschätzt oder gar geliebt werden? Dann machen Sie sich bewusst, dass Sie zum Prüfer nur eine Arbeitsbeziehung im Rahmen der schulischen, akademischen oder beruflichen Ausbildung haben. Sie müssen ihn nicht lieben und er muss Sie nicht lieben. Schön, wenn der Prüfer Sie schätzt. Machen Sie sich dann aber keinen unnötigen Stress, indem Sie den Prüfer auf keinen Fall durch eine schlechte Leistung enttäuschen wollen.

Übrigens: Haben Sie schon einmal überlegt, wie groß Ihr Wunsch nach Anerkennung und Bestätigung ist, der hinter Ihrer Angst vor einem strengen, allmächtigen und überkritischen Prüfer stehen könnte?

Nutzen Sie die Möglichkeit, an Prüfungen teilzunehmen, um den Prüfer und dessen Prüfungsstil besser kennenzulernen, sodass Sie sich so gut wie möglich darauf einstellen können. Machen Sie sich ein eigenes Bild vom Prüfer, statt Gerüchten Glauben zu schenken und sich von negativen Geschichten beeinflussen zu lassen. Trainieren Sie, selbstsicher aufzutreten durch die Art und Weise, wie Sie Ihr Wissen vortragen. Stellen Sie sich dabei vor, wie Sie dem Prüfer gegenüberstehen und zu einer Frage einfach das sagen, was Sie wissen.

FORMULIEREN SIE VOR DER PRÜFUNG IHRE ÄNGSTE IN EINEM TAGEBUCH ODER ALS SPRACHNOTIZ
Wenn Sie sich Ihre Ängste kurz vor der Prüfung eingestehen, werden Sie nicht während der Prüfung davon überfallen.

SIND SIE BEREIT, sich vor der Prüfung auf eine Erfahrung einzulassen, die den üblichen Ratschlägen, positiv zu denken oder sich so gut wie möglich abzulenken, völlig widerspricht? Dann gestehen Sie vor der Prüfung Ihre Prüfungsangst voll und ganz ein – auch Ihre Angst zu versagen. Sie müssen vor der Prüfung nicht positiv denken. Es reicht, wenn Sie während der Prüfung voll und ganz bei der Sache sind.

Gestehen Sie sich ein: Es wäre wirklich schlimm für Sie, wenn Sie bei einer wichtigen Prüfung durchfielen. Halten Sie sich das durchaus vor Augen. Falls Sie nicht durchfallen, haben Sie vielleicht trotzdem Angst, sich irgendwie zu blamieren. Auch davon müssen Sie sich nicht ablenken.

Kämpfen Sie nicht gegen Ihre Erregung und Versagensangst an, sondern halten Sie Ihre Ängste und Sorgen kurz vor der Prüfung in Ihrem Tagebuch oder als Sprachnotiz auf Ihrem Handy fest. Oder sprechen Sie innerlich mit sich selbst oder mit einer Person

Ihres Vertrauens darüber. Sie werden sehen, dass Sie sich dadurch nicht weiter hineinsteigern. Es wirkt entspannend, die momentanen Befürchtungen auszusprechen oder niederzuschreiben.

Sie haben die Befürchtung, Sie könnten sich auf diese Weise noch mehr in Ihre Ängste hineinsteigern? Probieren Sie diesen Vorschlag doch einmal aus. Wenn Sie Ihre ängstliche Besorgtheit in Worte fassen, können Sie sie danach gleichsam zur Seite legen. Sie haben dann mehr Arbeitsspeicher zur Verfügung, weil Ihr Kurzzeitgedächtnis nicht mit ängstlichem Grübeln beschäftigt ist. Sie sind leistungsfähiger und können sich besser auf die Prüfung konzentrieren, weil Ihr Gehirn frei ist von störenden Nebengedanken.

ACHTEN SIE AM PRÜFUNGSTAG AUF EINE GUTE MENTALE UND KÖRPERLICHE BEFINDLICHKEIT

Eine gute körperliche und seelische Verfassung erhöht die Chancen auf den Prüfungserfolg.

Folgende Ratschläge können hilfreich sein:

▶ **Lernen Sie kurz vor der Prüfung nichts Neues mehr**

Achten Sie auf ausreichenden Schlaf in der Nacht vor der Prüfung und lernen Sie nicht bis spät in die Nacht hinein. Wenn Sie regelmäßig für die Prüfung gelernt haben, erzeugt das nur unnötigen Stress.

Nehmen Sie am Tag der Prüfung – am besten auch schon ein bis zwei Tagen davor – keine neuen Informationen mehr auf, sondern wiederholen Sie gründlich das bereits Gelernte. Das kurzfristige Lernen von neuen Inhalten stört den Abruf des bereits gespeicherten Wissens, der Stoff kann nicht mehr im Langzeitgedächtnis ausreichend abgespeichert werden, und Ihre Nervosität nimmt zu.

Fachleute empfehlen, sich die letzten Stunden vor der Prüfung überhaupt nicht mehr mit dem Lernstoff, sondern mit anderen

Dingen zu beschäftigen, wie etwa Musikhören, Telefonieren oder eine Zeitung lesen.

Halten Sie sich vor der Prüfung von Kollegen fern, die nervös den Prüfungsstoff durchgehen und Fragen stellen wie:»Hast du das auch gelernt? Kommt das auch in der Prüfung dran?«

▶ **Essen und trinken Sie am Prüfungstag ausreichend**
Stärken Sie Körper und Geist mit einem gesunden Frühstück am Morgen oder wenigstens mit einem Apfel und einem Getränk vor der Prüfung.

Prüfungsangst kann zu einem trockenen Mund führen, deshalb sollten Sie gerade bei mündlichen Prüfungen etwas zu trinken dabei haben.

▶ **Senken Sie Ihre Erregung vor der Prüfung**
Ein paar Entspannungs- oder Bewegungsübungen vor der Prüfung können nützlich sein. Vielen Schülern und Studenten hilft kurzfristig etwas Bewegung besser, um die Stresshormone abzubauen, weil sie bei Entspannungsübungen eher in eine ängstliche Beobachtung ihrer Körpersymptome und ihrer Nervosität geraten.

Akzeptieren Sie, dass Sie in den letzten Minuten vor der Prüfung besonders nervös sind. Einige Minuten nach Prüfungsbeginn lässt die Anspannung nach.

▶ **Halten Sie sich Ihre früheren Erfolge vor Augen**
Vergegenwärtigen Sie sich angesichts aufkommender Prüfungsängste Ihre Stärken und Fähigkeiten und machen Sie sich bewusst, warum Sie bei der bevorstehenden Prüfung durchaus Erfolgschancen haben.

Erinnern Sie sich zur mentalen Stärkung kurz an ein bedeutsames Erfolgserlebnis in der Vergangenheit. Unterstützen Sie Ihre Hoffnung auf Erfolg durch Selbstinstruktionen wie:»Ich habe schwere Prüfungen auch früher beim ersten Mal geschafft, und es wird mir auch heute gelingen.«

SCHRITT 10: PRÜFUNGEN ERFOLGREICH BESTEHEN – MIT DIESEN TIPPS SIND SIE GUT GERÜSTET

GEHÖREN SIE ZU JENEN SCHÜLERN UND STUDENTEN, die durch ihre massive Prüfungsangst unter ihren Leistungsmöglichkeiten bleiben, weil Sie sich durch Versagensangst und zu große Erregung in mündlichen oder schriftlichen Prüfungen nicht mehr richtig konzentrieren können?

Fürchten Sie sich vielleicht besonders vor mündlichen Prüfungen, weil Sie da im Mittelpunkt der Aufmerksamkeit des Prüfers und der Zuhörer stehen?

Schritt 10 bietet Ihnen jede Menge Hilfestellungen, wie Sie die konkrete Prüfungssituation am besten bewältigen.

SENKEN SIE IHR ERREGUNGSNIVEAU IN DER PRÜFUNGSSITUATION

Zu große körperliche und geistige Erregung kann sich ungünstig auf den Prüfungserfolg auswirken.

Folgende Ratschläge können hilfreich sein:

▶ **Nutzen Sie Atemübungen**

Entspannen Sie sich bei Aufregung durch bewusstes langsames Ein- und Ausatmen. Die beste Atemübung bei mündlichen Prüfungen ist das Reden, denn dabei atmen Sie automatisch aus, statt vor Schreck die Luft anzuhalten oder vor Aufregung zu hyperventilieren.

▶ **Lächeln Sie, denn das entspannt**

Lächeln macht Sie lockerer. Sogar vorsätzliches Lächeln löst im Gehirn eine Entspannungsreaktion aus.

Vielleicht können Sie sich sogar selbst »belächeln«: »Ich weiß, ich werde mich wahrscheinlich gleich in alles Mögliche hineinsteigern – so bin ich eben, und anschließend werde ich mich wieder fragen, warum ich mich unnötig aufgeregt habe.« Auf diese Weise können Sie zu Ihrer ersten spontanen Reaktion auf Distanz gehen.

▶ **Verwenden Sie kurze Autosuggestionen zur Stressreduktion**
Senken Sie Ihre Ansprüche und Ihre perfektionistischen Erwartungen durch Sätze wie:»Bei dieser Prüfung geht es letztlich nur darum durchzukommen«;»Selbst im Fall einer schlechten Note werde ich die Ausbildung fortsetzen, denn ich weiß, dass ich dafür geeignet bin.« Dann nimmt Ihre Prüfungsangst ganz von allein ab.

▶ **Akzeptieren Sie Ihre Prüfungsangst, ohne dagegen anzukämpfen**
Gestehen Sie sich ein gewisses Ausmaß an Angst während der Prüfung ganz ehrlich ein. Sie spüren Ihre innere Anspannung und Erregung wahrscheinlich stärker, als diese nach außen hin sichtbar ist.

Sichtbare Symptome, wie etwa Rotwerden, Schwitzen, Zittern oder Stottern, werden von den Betroffenen oft als sehr unangenehm erlebt und daher gefürchtet. Aber Sie brauchen kein Pokerface an den Tag zu legen! Lassen Sie Ihre Angst durchaus zu, statt sie zu unterdrücken, weil Sie möglichst »cool« wirken wollen. Jedes Unterdrücken erhöht die innere Anspannung und endet in einem aussichtslosen Kampf gegen Ihren Körper, während Sie sich auf die Prüfungsfrage konzentrieren sollten. Sagen Sie bei großer emotionaler und körperlicher Erregung ganz offen:»Ich bin gerade sehr aufgeregt und nervös, aber ich habe diesen Stoff gelernt und werde mich bemühen, so gut wie möglich zu antworten.«

▶ **Schließen Sie aus Ihrer Angst nicht auf Ihre Unfähigkeit**
Versagensangst und emotional-körperliche Erregung sind kein schlechtes Omen. Sie drücken nur eine starke Nervosität aus, wie sie angesichts

einer wichtigen Prüfung völlig normal ist. Schließen Sie nicht aus Ihren inneren Empfindungen, dass Sie sich blamieren werden.

Es handelt sich um einen sogenannten emotionalen Trugschluss, wenn Sie völlig unberechtigt von Ihren Gefühlen und Körperempfindungen auf einen ungenügenden Wissensstand schließen, nach dem Motto: »Wenn ich bei der Prüfung so aufgeregt bin, zeigt das, dass ich den Prüfungsstoff doch nicht so sicher beherrsche, wie ich vorher geglaubt habe.«

KONZENTRIEREN SIE SICH GANZ AUF DIE PRÜFUNGSAUFGABE

Bei Prüfungen kommt es darauf an, mit der ganzen Aufmerksamkeit bei der Aufgabenstellung zu bleiben und sich nicht durch innere und äußere Faktoren ablenken zu lassen.

Folgende Ratschläge können hilfreich sein:

▶ **Bleiben Sie mit Ihrer Aufmerksamkeit ganz in der Gegenwart**
Schweifen Sie nicht in die Vergangenheit oder Zukunft ab. Es geht darum, im Hier und Jetzt das Richtige zu sagen und zu tun, um die Prüfung erfolgreich zu bestehen. Bei Angst sind Sie dagegen immer einen Schritt voraus.

▶ **Konzentrieren Sie sich ganz auf die momentane Aufgabenstellung**
Beobachten Sie in der Prüfungssituation nicht ständig Ihre körperliche oder seelische Befindlichkeit. Versuchen Sie nicht, Ihre Körpersymptome zu kontrollieren.

Sehen und bewerten Sie sich nicht aus dem Blickwinkel der anderen, das heißt des Prüfers oder der Zuhörer. Konzentrieren Sie sich auf die bestmögliche Präsentation Ihres Wissens und nicht auf die sichtbaren Reaktionen oder möglichen Gedanken des Prüfers. Wenn Sie auf das Feedback des Prüfers achten, machen Sie sich abhängig von seinen Reaktionen. Überprüfen Sie stattdessen selbst Ihre Ausführungen und ergänzen Sie sie, sofern Ihnen noch etwas anderes einfällt.

▶ **Konzentrieren Sie sich trotz einer Panikattacke auf die Prüfungssituation**

Bei einer Panikattacke oder panikähnlichen Symptomatik ist man versucht, sich während der Prüfung übermäßig mit sich selbst statt mit der Prüfungsaufgabe zu beschäftigen. Eine Panikattacke drückt nur das starke Ausmaß Ihrer Prüfungsangst aus, Sie sind und bleiben dabei körperlich völlig gesund.

Eine Angstattacke ist eine blockierte Kampf-Flucht-Reaktion Ihres Körpers, ausgelöst durch das Stresshormon Adrenalin. Sie sind angespannt und können nicht reagieren und handeln. Eine Bewegung und ein Wort unterbrechen die körperliche Erstarrung in kurzer Zeit.

▶ **Nutzen Sie die Möglichkeit zur Selbstinstruktion und zum inneren Dialog**

Reden Sie innerlich so mit sich selbst, als würden Sie laut sprechen, um sich besser auf die Aufgabenstellung konzentrieren zu können. Feuern Sie sich innerlich durch aufmunternde Worte an: »Gestern habe ich das alles gewusst, und es wird mir auch jetzt einfallen.«

TRETEN SIE BEI MÜNDLICHEN PRÜFUNGEN SELBSTSICHER AUF

Prüfungsängste bei mündlichen Prüfungen hängen oft mit der Angst vor Auftritten zusammen. Probleme bei Präsentationen können zu einer schlechteren Benotung führen, die nicht Ihrem Wissensstand entspricht.

Folgende Ratschläge können hilfreich sein:

▶ **Drücken Sie Ihre Selbstsicherheit im Sprechen aus**

Es kommt bei der Prüfung nicht nur darauf an, was Sie sagen, sondern auch darauf, wie Sie es sagen. Sprechen Sie laut und deutlich, jedoch bewusst langsamer. Bei Angst und Unsicherheit neigt man dazu, zu leise zu sprechen. Schon wenn Sie lauter sprechen, drückt das eine gewisse Selbstsicherheit aus. Außerdem besteht die Gefahr, zu schnell und zu undeutlich zu reden, um alles möglichst rasch hinter sich zu bringen.

Langsameres Sprechen gelingt am leichtesten, wenn Sie zwischen den Sätzen jeweils eine kurze Atempause machen. Das Reden im Rhythmus der richtigen Atmung macht Sie im ganzen Auftreten selbstsicherer.

▶ **Machen Sie Ihre Selbstsicherheit in der Körperhaltung deutlich**

Ihr nonverbales Auftreten und Ihre Körpersprache können einen positiven oder negativen Einfluss auf das Prüfungsergebnis haben. Stellen Sie sich so hin, dass Sie vor allem sich selbst Kraft und Zuversicht vermitteln, diese dann aber auch nach außen hin ausstrahlen. Erden Sie sich gut im Stehen und spüren Sie den Boden unter sich, statt wackelig und unsicher dazustehen.

▶ **Zeigen Sie Ihre Selbstsicherheit durch Blickkontakt mit dem Prüfer**

Halten Sie zumindest gelegentlich Blickkontakt mit dem Prüfer, statt auf den Boden oder woandershin zu schauen. Das zeigt Ihre Offenheit und Kontaktbereitschaft ohne Rückzugstendenzen. Auf diese Weise können Sie auch positive nonverbale Reaktionen des Prüfers wahrnehmen.

NUTZEN SIE ALLE MÖGLICHKEITEN ZUR AKTIVEN MITGESTALTUNG

Jede Form der aktiven Mitgestaltung in der Prüfungssituation vermindert das Gefühl von Ohnmacht, Ausgeliefertsein und Kontrollverlust.

Folgende Ratschläge können hilfreich sein:

▶ **Seien Sie aktiv statt passiv**

Wiederholen Sie die Prüfungsfrage, wenn Ihnen eine Antwort nicht sofort einfällt. Dann haben Sie schon etwas gesagt, statt aus Angst zu verstummen und unsicher zu wirken. Vermitteln Sie dem Prüfer, dass Sie die angesprochene Thematik gelernt haben und einen bestimmten Aspekt besonders interessant finden.

Nutzen Sie Ihren Gestaltungsspielraum bei der Prüfung. Mit einem guten Prüfer können Sie die Prüfung zu einem anregenden Gespräch machen und zeigen, dass Sie die Sache nicht nur verstanden, sondern sich auch selbst Gedanken dazu gemacht haben, die über die Reproduktion des Grundwissens hinausgehen.

▶ **Denken Sie bei einer mündlichen Prüfung laut, wenn Sie unsicher sind**

Reden ist besser als Schweigen, wenn Sie die Antwort nicht sicher wissen. Formulieren Sie Ihre Überlegungen laut und überprüfen Sie damit, ob Sie auf dem richtigen Weg sind. Ein fairer Prüfer wird Ihnen helfen, wenn Sie nicht ganz auf dem Holzweg sind. Hier gilt die überlieferte Regel: »Der Weg entsteht beim Gehen.«

▶ **Schreiben oder zeichnen Sie bei schriftlichen Prüfungen etwas auf, um ins Tun zu kommen**

Durch zielgerichtete Tätigkeiten kann Ihr steuerndes Frontalhirn die Kontrolle über Ihre Emotionen, wie etwa Angst, Furcht, Panik, Peinlichkeit oder Scham, gewinnen, die vom limbischen System kommen.

Notieren Sie bei schriftlichen Prüfungen zuerst Ihre Ideen in Stichworten, statt vorschnell in einen planlosen Aktionismus zu verfallen. Nehmen Sie eine kurze Strukturierung und Ordnung Ihrer Gedanken vor, bevor Sie sich voll und ganz auf die Aufgabenstellung einlassen.

▶ **Beginnen Sie bei schriftlichen Prüfungen mit den leichtesten Aufgaben**

Wenn Sie mit leichteren Aufgaben anfangen, werden Sie rascher erste Erfolgserlebnisse haben und als Folge davon mit höherer Motivation weiterarbeiten.

▶ **Konzentrieren Sie sich auf die Kernaussagen zur Prüfungsfrage**

Formulieren Sie, wenn möglich, die wichtigsten Aussagen zur Prüfungsfrage und führen Sie diese dann näher aus. Wenn Ihnen das schwerfällt, beginnen Sie mit einem Teilbereich der Thematik, über den Sie besser Bescheid wissen. Danach finden Sie entweder allein oder mithilfe eines wohlwollenden Prüfers den Weg zu den zentralen Aspekten der Aufgabenstellung.

SETZEN SIE AUF WIRKSAME HILFEN
BEI EINEM BLACKOUT

Bei einem Blackout ist – bedingt durch die Stresshormone Adrenalin und Cortisol – das gespeicherte Wissen kurzfristig nicht abrufbar.

Folgende Ratschläge können hilfreich sein:

▶ **Werden Sie körperlich aktiv, statt zu erstarren**

Rutschen Sie im Sitzen ein wenig hin und her. Bewegen Sie Hände und Arme und lockern Sie Ihre angespannte Schulter-Nacken-Muskulatur. Im Stehen können Sie ein wenig auf und ab gehen, um die Stresshormone abzubauen. Oder wippen Sie auf den Füßen vor und zurück, um die Anspannung zu lösen. Spannen Sie Ihre Muskeln kurz an und lassen Sie dann los, während Sie langsam ausatmen. Ein Blackout geht meistens auch mit einer körperlichen Angststarre einher. Jede körperliche Aktivität fördert zugleich Ihre geistige Beweglichkeit. Bei schriftlichen Prüfungen sollten Sie etwas schreiben oder zeichnen. Dann haben Sie das Gefühl, dass Sie bereits etwas tun.

▶ **Reden Sie, statt zu verstummen**

Selbst wenn es Ihnen buchstäblich die Sprache verschlägt und Sie einen »leeren Kopf« haben, sollten Sie mit ähnlichen Worten die Frage des Prüfers wiederholen, dann haben Sie schon etwas gesagt und der Prüfer kann Ihnen ein bestätigendes »Ja, genau« rückmelden. Sie können auch darum bitten, dass er die Frage wiederholt, mit der Begründung: »Ich bin gerade sehr nervös und habe den Faden verloren. Darf ich Sie bitten, die Frage nochmals zu stellen?«

Sagen Sie im Bedarfsfall auch Sätze wie:»Ich bin gerade sehr aufgeregt und brauche kurz Zeit, bis mir einfällt, was ich gelernt und gestern noch gewusst habe. Ich wiederhole zuerst einmal Ihre Frage, ob ich sie richtig verstanden habe, dann kann ich mich besser darauf konzentrieren.« Sie durchbrechen Ihre geistige und körperliche Blockade schon dadurch, dass Sie sich wieder reden hören.

▶ **Nutzen Sie Ihr bildhaftes Gedächtnis**
Nutzen Sie Bilder, die Sie sich beim Lernen eingeprägt haben, denn visuelle Informationen lassen sich unter Stress leichter abrufen als verbale Inhalte. Stellen Sie sich so gut wie möglich bildlich vor, auf welcher Seite des Lehrbuchs zum Beispiel die Antwort auf die Frage steht.

▶ **Rufen Sie Ihr Handlungsgedächtnis ab**
Erinnern Sie sich, was Sie getan haben, als Sie sich mit der relevanten Thematik beschäftigt haben. Welche Wörter haben Sie unterstrichen, welche Sätze haben Sie laut gesprochen, welche Notizen haben Sie sich gemacht? Was hat Sie gefühlsmäßig am meisten angesprochen, als Sie sich mit diesem Thema beschäftigt haben? Sie werden sich leichter an das erinnern, was Sie gerne getan haben oder was Ihr Interesse geweckt hat.

▶ **Atmen Sie langsam ein und aus**
Senken Sie Ihr geistiges und körperliches Erregungsniveau, um wieder klar denken zu können. Atmen Sie ein paar Mal tief durch, wenn Sie vor Schreck wie gelähmt sind. Verlangsamen Sie Ihre Atmung, wenn die Gefahr einer Hyperventilation droht.

Atmen Sie durch leicht geschlossene Lippen langsam aus, um Ihre Anspannung abzubauen und um wieder auf Ihren Wissensspeicher zugreifen zu können, der unter Furcht, Panik und Stress vorübergehend blockiert ist.

▶ **Rufen Sie Ihre hilfreichsten Affirmationen ab**

Coachen Sie sich selbst durch einen inneren Dialog:»Das ist jetzt nur ein Blackout. Ich habe ausreichend gelernt und kann die Frage sicher beantworten. Gleich fällt mir alles wieder ein. Ich sage im Moment das, was mir als Erstes einfällt.«

SCHLUSSBEMERKUNG

DIESES BUCH IST EINE KLASSISCHE AUFTRAGSARBEIT. Der österreichische Verlag Fischer & Gann hatte mich gebeten, einen Ratgeber mit App über Prüfungsangst zu schreiben, während ich gerade ein anderes Buchprojekt im Auge hatte. In einer ersten Anfrage hatte ich kein Interesse gezeigt, der Verlag blieb aber hartnäckig.

Zu Entstehungsbeginn waren also nicht Freude und Interesse am Thema motivierend, sondern zwei Faktoren: erstens der Sinn und Wert eines derartigen Buches für Betroffene und zweitens der verbindliche Entschluss, dieses Buch zu schreiben, weil der Verlag es wünscht.

Zunehmendes Interesse und unerwartete Freude am Schreiben dieses Buches kamen erst durch die Auseinandersetzung mit der Thematik auf. Was kann das für Sie angesichts von Projekten oder Prüfungen bedeuten?

Kaum hatte ich zugesagt, traten weitere Motivationsprobleme auf. Obwohl ich Fachmann für Angststörungen, Autor von bereits zehn Büchern bei fünf verschiedenen Verlagen und ein lebenserfahrener Mann mit 63 Jahren bin, plagten mich immer wieder

Zweifel und Unsicherheit, ob ich wirklich ein Buch über Prüfungsangst schreiben kann, das mindestens so lesenswert und hilfreich
ist wie die bereits auf dem Markt befindlichen Angebote.
Motivierend waren in dieser Situation für mich vor allem folgende Gedanken:

▶ »Die Angst vor dem Misserfolg ist nur ein Gedanke, nur eine Vorstellung. Sie spiegelt nicht die Wirklichkeit wider, auch wenn sie mir öfter
unterkommt, als mir lieb ist.«

▶ »Ich darf Angst haben, das ist noch kein Zeichen von Unfähigkeit,
schließlich will ich ja ein überdurchschnittlich gutes Buch schreiben,
das den Betroffenen wirklich helfen kann.«

▶ »Ich will etwas anderes schreiben als das, was es schon gibt, sodass
ich den Vergleich mit anderen Autoren nicht fürchten muss.«

▶ »Ich war auch früher schon vor und während des Schreibens von
Büchern unsicher, hatte dann aber doch Erfolg damit.«

▶ »Ich fange mit den Abschnitten an, bei denen ich mich am besten
auskenne, um auf diese Weise rasche Zwischenerfolge zu erreichen,
die mich aufbauen.«

▶ »Ich denke nicht zu lange nach, sondern fange einfach zu schreiben
an, später kann ich es immer noch ändern, wenn mir etwas Besseres
einfällt.«

▶ »Ich könnte den Text für eine bessere App und ein hilfreicheres Buch
schreiben, wenn ich ein Jahr Zeit hätte und nicht nur vier Monate. Ich
gebe mein Bestes in dieser knappen Zeit.«

▶ »Ich kenne mich: Wenn ich mehr Zeit hätte, könnte ich eine umfang-
reichere App entwickeln und ein dickeres Buch mit noch mehr Ratschlägen
schreiben, doch dann würde kaum jemand es kaufen und lesen.«

▶ »Je schneller ich mit dem Projekt fertig bin, desto rascher kann ich mich
mit dem nächsten Projekt beschäftigen.«

▶ »Es war der Wunsch des Verlags, dass ich dieses Buch schreibe, also wird mir die Verlagsleiterin bei eventuellen Problemen schon helfen, weil sie Vertrauen in meine Fähigkeiten hat.«

▶ »Selbst wenn dieser Ratgeber nur für einen Teil der Leserinnen und Leser nützlich ist, hat er schon seinen Zweck erfüllt.«

Welche Gedanken und bildhaften Vorstellungen können Ihnen in ähnlichen Situationen, wie etwa bei der Erstellung einer schriftlichen Arbeit, weiterhelfen?

Darf ich Ihnen noch etwas Persönliches verraten? Ich habe meine früheren Bücher nicht geschrieben, weil ich zur jeweiligen Thematik mehr wusste als andere Fachleute, sondern weil ich erst durch das Schreiben über Themen, die mich interessierten, so viel Wissen erworben habe, dass ich dieses dann mit anderen teilen wollte.

Was kann das für Sie bedeuten? Nicht weil Sie gut sind, werden Sie eine gute Arbeit schreiben, sondern weil Sie durch die intensive Beschäftigung mit der Materie viel Wissen erwerben. Sie werden so zum Experten für einen bestimmten Themenbereich – und wissen vielleicht mehr, als Ihre Lehrer oder Professoren, die sich nicht so intensiv mit dem Thema beschäftigt haben wie Sie.

Das erkannten schon die Weisen im alten Rom:

▶ »Niemand weiß, was er kann, bevor er es versucht hat.« (Publius Syrus)

▶ »Nicht, weil die Dinge schwierig sind, wagen wir sie nicht, sondern weil wir sie nicht wagen, sind die Dinge schwierig.« (Seneca)

Es freut mich, wenn dieses Buch ausreicht, Ihre Prüfungsangst zu beseitigen oder zu lindern, wenigstens jedoch so erträglich zu gestalten, dass Sie trotz Angst vor Prüfungen erfolgreicher sind als bisher. Es ist jedoch nicht tragisch, wenn dies nicht der Fall ist. Das erworbene Wissen wird Ihnen helfen, mithilfe einer fachlichen Unterstützung rascher zum Erfolg zu kommen. Wenden Sie sich im Bedarfsfall an die nächste psychologische Beratungsstelle Ihrer Schule, Hochschule oder Universität. Vielleicht steht auch eine kostenlose Jugend- oder Familienberatungsstelle zur Verfügung. Als Alternative bietet sich eine psychologische Beratung oder eine Psychotherapie in einer Privatpraxis an. Unter der Diagnose »soziale Phobie« oder »spezifische Phobie« sind die Krankenkassen bei krankheitswertiger Prüfungsangst im Fall einer Psychotherapie leistungspflichtig.

Bei zunehmender Ausprägung einer schweren Angststörung oder einer Depression sollten Sie zusätzlich auch an die Möglichkeit einer medikamentösen Behandlung denken. Der Hausarzt kann dazu die erste Anlaufstelle sein, der entsprechende Fachmann ist jedoch ein Facharzt für Psychiatrie. Suchen Sie rechtzeitig fachliche Hilfe auf, um den Teufelskreis der Prüfungsangst mit seinen negativen Folgen möglichst rasch zu durchbrechen und dann von diesem Ratgeber profitieren zu können.

LITERATURVERZEICHNIS

ABROMEIT, J. (2014). Lampenfieber und Prüfungsangst besiegen. Freiburg: Haufe.

BARTHEL, W. (2011). Prüfungen – kein Problem. Bewältigung von Prüfungsangst – effektive Prüfungsvorbereitung – optimales Verhalten. Weinheim/Basel: Beltz Verlag.

BENSBERG, G. (2015). Dein Weg zum Prüfungserfolg. Angstfrei durchs Studium: Auswahlverfahren, Referate, Prüfungen, Bewerbungen. Berlin/Heidelberg: Springer Verlag.

BENSBERG, G. & MESSER, J. (2014). Survivalguide Bachelor. Dein Erfolgscoach fürs ganze Studium – Nie mehr Leistungsdruck, Stress & Prüfungsangst – Bestnoten mit Lerntechniken, Prüfungstipps! Berlin/ Heidelberg: Springer Verlag.

EBBERT, B. (2013). Effektiver lernen für Dummies. Weinheim: Wiley-VCH Verlag.

ESCHENRÖDER, C. T. (2002). Selbstsicher in die Prüfung. Wie man Prüfungsangst überwindet und sich effektiv auf Prüfungen vorbereitet. 3., aktualisierte Auflage. München: CIP-Medien.

FEHM, L. & FYDRICH, T. (2011). Prüfungsangst (Fortschritte der Psychotherapie, Band 44). Göttingen: Hogrefe Verlag.

FEHM, L. & FYDRICH, T. (2013). Ratgeber Prüfungsangst. Informationen für Betroffene und Angehörige. Göttingen: Hogrefe Verlag.

GEUENICH, B. (2015). Prüfungen bestehen. Denkblockaden überwinden und Erfolg steigern. 10. Auflage. München: Compact Verlag.

JACOB, C. (2015). Von Prüfungsangst zu Prüfungsmut, vom Lampenfieber zu Antriebslust. Stuttgart: Schattauer.

HAFNER, B. & KRONENBERGER, U. (2015). Entspannt Prüfungen bestehen. Ein Manual für Studierende in Lern- und Prüfungszeiten. Bern: Verlag Hans Huber.

HODAPP, V., ROHRMANN, S. & RINGEISEN, T. (2011). Prüfungsangstfragebogen (PAF). Göttingen: Hogrefe Verlag.

HOFMANN, E. & LÖHLE, M. (2014). Erfolgreich Lernen. Effiziente Lern- und Arbeitsstrategien für Schule, Studium und Beruf. 2., neu ausgestattete Auflage. Göttingen: Hogrefe Verlag.

KALTWASSER, V. (2013). Achtsamkeit in der Schule. Stille-Inseln im Unterricht: Entspannung und Konzentration. Weinheim/Basel: Beltz Verlag.

KLENKE, K. (2014). Studieren kann man lernen. Mit weniger Mühe zu mehr Erfolg. 2., korrigierte Auflage. Wiesbaden: Springer Gabler.

KNIGGE-ILLNER, H. (2010). Prüfungsangst besiegen. Wie Sie Herausforderungen souverän meistern. Frankfurt/Main: Campus Verlag.

KOSSAK, H.-C. (2008). Lernen leicht gemacht. Gut vorbereitet und ohne Prüfungsangst zum Erfolg, 2. Auflage. Heidelberg: Carl-Auer Verlag.

KOSSAK, H.-C. (2015). Prüfungsangst – Beraten aus sieben Perspektiven. Heidelberg: Carl-Auer Verlag.

KRENGEL, M. (2014). Lernerfolg verdoppeln, Prüfungsangst halbieren. 4. Auflage. Berlin: Eazybooks.

METZIG, W. & SCHUSTER, M. (2009). Prüfungsangst und Lampenfieber. Bewertungssituationen vorbereiten und meistern. 4., aktualisierte Auflage. Berlin: Springer Verlag.

METZIG, W. & SCHUSTER, M. (2009). Lernen zu lernen: Lernstrategien wirkungsvoll einsetzen. 8. Auflage. Berlin: Springer Verlag.

MORSCHITZKY, H. (2013). Die Angst zu versagen und wie man sie besiegt. 6. Auflage. Ostfildern: Patmos Verlag der Schwabenverlag AG.

MORSCHITZKY, H. (2014). Raus aus dem Schneckenhaus. Soziale Ängste überwinden. 2. Auflage. Ostfildern: Patmos Verlag der Schwabenverlag AG.

MORSCHITZKY, H. (2015). Endlich leben ohne Panik. Die besten Hilfen bei Panikattacken. Munderfing: Fischer & Gann.

MORTAN, G. & MORTAN, F. (2013). Bestanden wird im Kopf – Von Spitzensportlern lernen und jede Prüfung erfolgreich bestehen. 2. Auflage. Wiesbaden: Springer Gabler.

PEKRUN, R. & GÖTZ, T. (2006). Emotionsregulation: Vom Umgang mit Prüfungsangst. In: H. Mandl, H. & H. F. Friedrich (Hrsg.), Handbuch Lernstrategien (S. 248–258). Göttingen: Hogrefe Verlag.

PIXNER, S. & KAUFMANN, L. (2013). Prüfungsangst, Schulleistung und Lebensqualität bei Schülern. Lernen und Lernstörungen, 2, 111–124.

POHL, E. (2014). Keine Panik vor Blackouts. Wie Sie Bewährungsproben meistern. 2., durchgesehene Auflage. Wiesbaden: Springer Gabler.

SCHUSTER, M. (2014). Optimal vorbereitet in die Prüfung. Erfolgreiches Lernen, richtiges Prüfungsverhalten. 2., aktualisierte und erweiterte Auflage. Göttingen: Hogrefe Verlag.

SPITZER, M. (2012). Digitale Demenz. Wie wir unsere Kinder um den Verstand bringen. München: Droemer.

STEINER, V. (2014). Konzentration leicht gemacht. Die wirksamsten Methoden für Studium, Beruf und Alltag. 2. Auflage. München: Piper Verlag.

WALTHER, H. (2015). Ohne Prüfungsangst studieren. 2., überarbeitete Auflage. UTB 3675. Konstanz und München: UVK Verlagsgesellschaft.

WALTHER-DUMSCHAT, S. (2006). Mehr Erfolg bei Prüfungen und Klausuren. 2., überarbeitete Auflage. Heidenau: PD-Verlag.

WEISS, H.-J. (1997). Prüfungsangst. Symptome, Ursachen, Bewältigung. 2., aktualisierte und erweiterte Auflage. Würzburg: Lexika Verlag, Krick Fachmedien.

WOLF, D. & MERKLE, R. (2015). So überwinden Sie Prüfungsängste. Psychologische Strategien zur optimalen Vorbereitung und Bewältigung von Prüfungen. 12. Auflage. Mannheim: PAL Verlagsgesellschaft.

HANS MORSCHITZKY
ENDLICH LEBEN OHNE PANIK

DIE BESTEN HILFEN BEI PANIKATTACKEN

14 x 22 cm, ca. 282 Seiten

ISBN 978-3-903072-05-3

ES KOMMT WIE AUS HEITEREM HIMMEL: Atemnot, Schwindel, Herzrasen – plötzlich nur mehr die Panik! Und weil diese Attacken so unberechenbar auftreten, beginnt die Angst vor der Panik das Leben zu dominieren.

Hans Morschitzky erklärt vor dem Hintergrund seiner jahrzehntelangen Erfahrung als Psychotherapeut, was man über Panikattacken wissen sollte und wie man den Teufelskreis der Angst durchbricht. Anhand von Checklisten und Fragen lernen Betroffene, Ursachen und Auslöser für ihre Panikattacken individuell zu analysieren.

Ein umfangreiches Selbsthilfeprogramm bietet bewährte Übungen aus sieben zentralen Bereichen: Achtsamkeits- und Akzeptanzübungen, mentales Training bis hin zu Bewegungs-, Atem- und Entspannungstechniken.

Ein fundierter Ratgeber, der Betroffenen hilft, der Panik den Schrecken zu nehmen und sie nachhaltig in den Griff zu bekommen.

fischer **&** *gann*

Das gesamte Verlagsprogramm finden Sie unter www.fischerundgann.com

SIGRID SATOR
NIE WIEDER LAMPENFIEBER

ENTSPANNT UND SOUVERÄN REDEN UND PRÄSENTIEREN

11 x 16 cm, 122 Seiten

ISBN 978-3-903072-07-7

BERÜHMTE SCHAUSPIELER HABEN ES, Sänger, Musiker, auch selbst Politiker und Fernsehprofis. Kaum jemand ist davor gefeit: Lampenfieber. Doch diese Angst muss nicht sein. Jeder kann lernen, Auftritte im Rampenlicht gut und sogar gerne zu bewältigen!

Sigrid Sator bietet in diesem Praxisbuch kompaktes Basiswissen. Was ist eigentlich Lampenfieber, woher kommt es, was sind die Ursachen? Wann handelt es sich wirklich um Lampenfieber oder um eine andere Form der Angst?

Tests und Fragebögen geben Hilfestellungen zur Selbstdiagnose. Neben konkreten nachvollziehbaren Tipps zur Bewältigung enthält der Ratgeber ein Lampenfieber-Tagebuch. So können persönliche Erfahrungen, Eindrücke und Erfolgserlebnisse festgehalten und besser verankert werden. Für alle, die Auftritte vor Publikum besser und sicherer meistern wollen.

fischer **&** *gann*

Das gesamte Verlagsprogramm finden Sie unter www.fischerundgann.com

DER KLEINE HESSE/SCHRADER BEWERBUNGSHELFER

DIE BESTEN BEWERBUNGS-TIPPS

11 x 16 cm, 176 Seiten

ISBN 978-3-903072-09-1

DER KLEINE HESSE/SCHRADER BEWERBUNGSHELFER bringt die Essentials aus dreißig Jahren Erfahrung kompakt, innovativ und unterhaltsam auf den Punkt:

▶ Die drei wichtigsten Erfolgsfaktoren in Ihrer Bewerbung
▶ Wie Sie sich mit Ihren Stärken und Erfolgen optimal präsentieren
▶ Wie Sie sich im Vorstellungsgespräch überzeugend darstellen
▶ Wie Sie sich erfolgreich mit Internet, Telefon, Stellengesuch, Networking bewerben
▶ Wie Sie die wichtigsten Einstellungstests meistern
▶ Worauf es bei Gehaltsverhandlungen ankommt
▶ Was es in der Probezeit zu beachten gibt

Die dreißig wichtigsten Themen rund um Ihre Bewerbung in 300 einprägsamen Tipps.

fischer **&** *gann*

Das gesamte Verlagsprogramm finden Sie unter www.fischerundgann.com